"我是小小集邮家"丛书

认识邮票中的动物世界

谢宇　主编

花山文艺出版社

河北·石家庄

图书在版编目（CIP）数据

认识邮票中的动物世界 / 谢宇主编. -- 石家庄 ：
花山文艺出版社，2013.6（2022.3重印）
　（我是小小集邮家丛书）
　ISBN 978-7-5511-1142-3

　Ⅰ．①认… Ⅱ．①谢… Ⅲ．①邮票－中国－图集②动
物－青年读物 Ⅳ．①G894.1-64②Q95-49

中国版本图书馆CIP数据核字(2013)第128585号

丛 书 名：“我是小小集邮家”丛书
书　　名：认识邮票中的动物世界
主　　编：谢 宇

责任编辑：冯　锦
封面设计：慧敏书装
美术编辑：胡彤亮
出版发行：花山文艺出版社（邮政编码：050061）
　　　　　（河北省石家庄市友谊北大街 330号）
销售热线：0311-88643221
传　　真：0311-88643234
印　　刷：北京一鑫印务有限责任公司
经　　销：新华书店
开　　本：880×1230　1/16
印　　张：10
字　　数：160千字
版　　次：2013年7月第1版
　　　　　2022年3月第2次印刷
书　　号：ISBN 978-7-5511-1142-3
定　　价：38.00元

"我是小小集邮家"丛书

分册书名

1.认识邮票中的建筑艺术

2.认识邮票中的军事故事

3.认识邮票中的体育竞技

4.认识邮票中的文学与生肖故事

5.认识邮票中的植物世界

6.认识邮票中的动物世界

7.认识邮票中的名胜古迹 (1、2)

8.认识邮票中的社会建设成就 (1、2)

9.认识邮票中的艺术世界 (1、2)

10.认识邮票中的民俗与节日 (1、2、3)

11.认识邮票中的古今人物 (1、2、3)

编 委 会

前 言

  新中国的邮票从1949年开始发行，基本都以建筑、自然风光、动植物为图案，其种类主要有普通邮票、纪念邮票、特种邮票等。纪念邮票是从1949年10月8日开始发行，新中国的纪念邮票多以重大的政治事件、庆典和节日为内容，对一些革命人物、文化名人以及重要的国际活动也发行过纪念邮票；特种邮票的题材非常广泛，包括了经济、社会建设、文化艺术、珍禽异兽、奇花异草、山水风光等。

  "我是小小集邮家"丛书收录了从中华人民共和国成立到2010年，新中国所发行的各类邮票品种，以全新的分类方式，全方位展现给广大读者朋友，并依照邮票的志号（及时间先后）顺序，系统介绍了从1949年到2010年我国发行的每套邮票的时代背景、每一枚邮票的图案内容及主题和所涉及的相关知识、对邮票图案艺术设计特点的研究和鉴赏等。内容分为：风景名胜类、建筑类、人物类、动物类、植物类、艺术类、文学类、体育类、军事类等。全书对各类邮票采用简短、浅显易懂的文字进行介绍，通过图文混排的形式把它们全方位、多角度地展现在读者面前，使读者更加深刻地了解中国邮票艺术的发展历程、时代特征及收藏价值。

  丛书在邮票发行背景的介绍中，力求真实、客观，以历史的本来面目记述事件与人物的真相。同样，邮票图案的设计也不是随心所欲的，它要与立题密切配合，相互依衬、相互烘托。因此，丛书在邮票图案内容的介绍中，既突出主题，又兼顾相关，使介绍的对象生动、跃然。全书语言生动，文笔优美，图片清晰，具有较高的趣味性和较强的可读性，是广大集邮爱好者学习集邮、鉴赏邮票必读的普及性读物。

本丛书在编写过程中，得到了国内许多集邮爱好者的关心和支持（由于人员太多，请恕我们不能一一列举），特别是天津科技翻译出版公司各级领导和各位老师的悉心指导和帮助，在本丛书即将付印之际，特向相关人员表示诚挚的谢意。需要特别声明的是：本丛书只是丛书编委会人员就新中国邮票这一领域的首次大胆尝试，真心希望本丛书能够起到抛砖引玉的作用，希望在这一领域能够不断涌现出更多、更好、更能适合读者阅读的好图书。

另外，由于编写人员知识水平有限及编写时间仓促，尽管我们尽最大努力想把每一部分内容都能够做得更完美，但还是由于各方面的原因，仍有不尽如人意之处。在这里我们热诚希望广大读者朋友就书中的错谬之处大胆批评指正。读者交流邮箱：228424497@qq.com。

丛书编委会

2013年3月

目　录

认识邮票中的动物世界

中国古生物

发行日期：1958.4.15

3-1　　　　　　3-2　　　　　　3-3

（特22）

3-1（131）蒿里山三叶虫（古生代）　　4分　　　500万枚

3-2（132）禄丰恐龙（中生代）　　　　8分　　　900万枚

3-3（133）肿骨鹿（新生代）　　　　16分　　　350万枚

邮票规格：23mm×28.5mm

齿孔度数：14度

整张枚数：130枚

版　　别：雕刻版

设计者：吴建坤

雕刻者：孔绍惠

印刷厂：北京中国近代印刷公司

知识百花园

古生物是指生存在地球历史的地质年代中、现已大部分灭绝的生物，包括古植物（芦木、鳞木等）、无脊椎古生物（三叶虫）动物（货币虫、三叶虫、菊石等）、古脊椎动物（恐龙、始祖鸟、猛犸等）。古生物死后，除极少数（如冻土中的猛犸、琥珀中的昆虫）由于特殊条件仍保存原有的组织结构外，绝大多数经过钙化、碳化、硅化或其他矿化的填充和交替石化作用，形成仅具原来硬体部分的形状、结构、印模等的化石。

邮票解析

图3-1【蒿里山三叶虫（古生代）】约开始于5亿7 000万年前，结束于2亿3 000万年前的古生代，属地质年代的第三个代。它分为寒武纪、奥陶纪、志留纪、泥盆纪、石炭纪、二叠纪等六个纪。在奥陶、志留、泥盆、石炭四个纪，相继发现无颌类、原始的盾皮鱼类、两栖类和爬行类动物。在古植物方面，泥盆纪时以裸蕨植物为主；石炭纪和二叠纪时，则以蕨类植物为主的植物群特别繁荣，形成茂密的森林。在这个地质年代，地球上曾发生过剧烈的地壳运动，早期发生的叫"加里东运动"，我国的祁连山、秦岭和南岭等地都受到很大影响，江西、湖南、广西等地还有强烈的岩浆活动。晚期发生的叫"华力西运动"，我国的天山、阿尔泰山，都是这次运动所形成的褶皱山系。而这两次运动，使我国南北各地大都被海水淹没，形成广泛分布的海相地层。三叶虫便是生活在大海中的一种古生物，它从寒武纪开始繁荣，到奥陶纪非常繁盛，至泥盆纪逐渐减少，终于在二叠纪末全部灭绝。三叶虫在动物分类学上属于节肢动物门的一纲。背壳纵分为一个中轴和两个肋叶三部分，横分为前、中、后三部分。前部为头，主要由头盖和颊部组成。头盖中间有突出的头鞍；中部为胸，分节，能弯曲；后部为尾，腹面具口、触须、附肢和肛门。全世界发现的已有1 500属，10 000种。我国约有1 000余种。它们最大体长约0.5米，最小的不过几厘米，以简单微小的低等生物为食。邮票画面的上部即为蒿里山三叶虫在海洋中浮游的姿态，下部为头盖和尾部的化石。这种三叶虫以其首

次在我国山东泰安蒿里山发现而得名。它的头盖呈梯形，尾部两侧具一对长刺，壳面常有许多小瘤，是东亚晚寒武纪的标准化石之一。

图3-2【禄丰恐龙（中生代）】中生代约开始于2亿3 000万年前，结束于6 700万年前，是地质年代的第四个代。它分为三叠纪、侏罗纪和白垩纪等三个纪。此时，脊椎动物大为发展，特别是爬行动物，分布在水中、陆地和空中；鸟类、有袋类和有胎盘的哺乳类动物已开始出现；无脊椎动物以菊石和箭石最为繁荣；植物以裸子植物的银杏、苏铁等为主。在此期间，我国主要是陆地环境，东南沿海各省并有火山活动。恐龙便是那时生活在陆地或沼泽附近的爬行动物。它共有晰龙目和鸟龙目两个大类，种类繁多，体型各异，有大有小，大的体长数十米，重达四五十吨；小的体长不到一米，食肉或食植物。它们从中生代三叠纪初期到白垩纪末期，称霸地球达1亿6 000万年之久，在一场灾难中全部灭绝了。从我国山东、河南、新疆、宁夏、内蒙古、湖南、湖北、浙江、江西、安徽、四川、广东等地发现的恐龙蛋化石证明，恐龙在我国曾有过广泛分布。最早发现恐龙化石的，是1822年英国科学家曼特尔。1938年，在云南省禄丰的沙湾大冲、二锁山发现了我国第一具完整的恐龙骨骼化石，我国古生物学家杨钟健经过认真研究和鉴定，确定为新属新种，并定名为禄丰龙。邮票画面上部即是禄丰龙复原后的形象，中下部则为它的骨骼化石。禄丰龙体长约4～5米，高约2～3米，头小，颈和尾都较长，前肢短小，后肢较粗壮，行走时成半直立式，主要以植物为食，生存于三叠纪晚期。

图3-3【肿骨鹿（新生代）】从6 700万年前至今的新生代，是地质年代的第五个代，也是最新的一个代。它划分为第三纪和第四纪两个纪。在此期间的生物大致与现代相同，脊椎动物发展的特征是哺乳动物的兴起和繁荣，后期出现了人类祖先；植物以被子植物为主。这个时期的地层在我国绝大部分都以陆相沉积为主。发生在这个时期的地壳运动叫喜马拉雅运动，至今仍未停止，它所形成的地壳构造最新褶皱带，火山和地震依然频繁和强烈。肿骨鹿即是生活在这个时期的古哺乳动物，其角多枝而巨大，颌骨肿厚，因此又名"大角鹿"。化石发现于我国河北、河南、山西、陕西、内蒙古等地的上新统（地质年代第三纪的最后一个时期）和更新统（地质年代最后一纪第四纪的早期）地层中。在北京周口店北京猿人洞穴内有大量化石发现，可能为当时这些猿人的主要狩猎物。邮票画面上部即为肿骨鹿复原后的生活形象，中下部则为其巨大的角化石。

金鱼

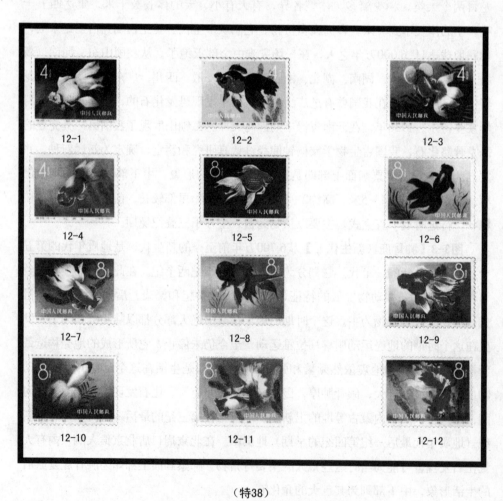

12-1

12-2

12-3

12-4

12-5

12-6

12-7

12-8

12-9

12-10

12-11

12-12

（特38）

12-1（182）翻腮绒球　　4分　　400万枚

12-2（183）黑背龙睛　　4分　　400万枚

12-3（184）水泡眼　　　4分　　400万枚

12-4（185）红虎头　　　4分　　400万枚

12-5（186）珍珠鱼　　　8分　　800万枚

12-6（187）蓝龙睛　　　8分　　800万枚

12-7（188）望天鱼　　　8分　　800万枚

12-8（189）红帽子　　　8分　　800万枚

12-9（190）紫帽子　　　8分　　800万枚

12-10（191）红头　　　 8分　　800万枚

12-11（192）花龙睛　　 8分　　800万枚

12-12（193）红龙睛　　 8分　　800万枚

邮票规格：36 mm×25.5 mm

齿孔度数：11×11.5度

整张枚数：50枚

版　别：影写版

设计者：孙传哲、刘硕仁

印刷厂：北京邮票厂

知识百花园

　　金鱼，亦称"金鲫鱼"，鱼纲鲤科，由鲫演化而来的观赏鱼类。一般体短而肥，尾鳍四叶，颜色有红、橙、紫、蓝、古铜、墨、银白、五花、透明等多种，活泼美观，深为人们所喜爱。我国的金鱼大体上可分为三类：文种，体型近似普通鱼类，各鳍发达，尾鳍分叉，体型像"文"字，如"鹅头""珍珠鳞"等；龙种，两眼突出，鳍发达，如"龙睛"等；蛋种，无背鳍，如"蛋球""虎头""水泡眼""丹凤"等。中国的金鱼已被介绍到日本、南洋群岛、欧洲以及世界各地。这种为人们所赏心悦目的观赏鱼种盛于全球。

金鱼1

　　我国是金鱼的故乡。为宣传我国金鱼的名贵品种，邮电部发行了这套《金鱼》特种邮票。

邮票解析

　　图12-1【翻腮绒球】为翻腮鱼和绒球鱼杂交而成的新品种。腮盖后缘向外翻卷，腮叶裸露，头上有由鼻腔隔膜变态形成的两个绒球，游动时很优美。

　　图12-2【黑背龙睛】背部和鳍呈黑色。体宽、圆、短。背、胸、腹、肛、尾均有鳍，肛鳍有单、双；有的尾鳍达身长的3/5，为龙睛鱼的一种。

　　图12-3【水泡眼】眼小，眼皮膨大成泡状，内充满略带黄色的液体，犹如两个黄色的气球。在游动时泡内液体也随之浮动，属名贵品种。

　　图12-4【红虎头】体形圆短，双尾，无背鳍。头部和两腮的皮肤臃皱重叠，眼、嘴都隐在臃皱的皮肤槽窝中，头部似虎、狮。行动十分敏捷，尾鳍摆动，犹如舞蹈动作。

　　图12-5【珍珠鱼】此鱼头呈尖形，肚子膨大。鳞片中部突起成圆形，乳白

色，犹如穿着一件珍珠衫。颜色多样，但五花色居多，红色为珍贵品种。

图12-6【蓝龙睛】此鱼体宽、圆、短，有背、胸、腹、肛、尾等鳍，尾鳍成双。眼球很大，突出眼眶之外。全身呈蓝色，是珍稀品种。

图12-7【望天鱼】又称朝天眼。眼球突出眼眶之外，眼面向上翻转，瞳孔直视天空，因此得名。包括有背鳍和无背鳍两种，分红、白、花斑等色。邮票画面上的这条为有背鳍的红色望天鱼。无背鳍的望天鱼又叫龙背望天。

图12-8【红帽子】此鱼眼小，背、胸、腹、肛、尾均有鳍。眼睛以上的头皮层叠隆起，似一顶帽子，因此得名。帽子鱼有各种颜色。

图12-9【紫帽子】体形、头形及其他各部位的结构均与红帽子相同，体为紫色。

图12-10【红头】头部朱红，全身银白发光，其双尾有长有短，长的叫软尾，短的叫硬尾。整个头部为红色称全头红；睛部以上呈红色为半头红；红如元宝形称元宝红；红如印章称印头红；红似丹顶鹤头部称鹤顶红。这种鱼行动矫健。

图12-11【花龙睛】眼球突出较大，尾鳍长宽，满身花斑。

图12-12【红龙睛】外形与花龙睛相近，呈鲜红色，夹杂着少许粉白。

金鱼2

金鱼3

金鱼4

金鱼5

养猪

发行日期：1960.6.15

（特40）

5-1（196）繁殖　　　　8分　　　500万枚

5-2（197）防疫　　　　8分　　　500万枚

5-3（198）肥猪满圈　　8分　　　480万枚

5-4（199）猪食堂　　　8分　　　500万枚

5-5（200）猪肥仓满　　8分　　　480万枚

邮票规格：30.5 mm×25.5 mm

齿孔度数：11×11.5度

整张枚数：50枚

版　　别：影写版

设计者：刘硕仁

印刷厂：北京邮票厂

知识百花园

　　猪是家畜的一种，属杂食类哺乳动物。身体肥壮，四肢短小，鼻子口吻较长，肉可食用，皮可制革，性温驯，适应力强，易饲养，繁殖快，有黑、白、酱红或黑白花等色。出生后5～12个月可以配种，妊娠期约为4个月。平均寿命为20年。是五畜之一。在十二生肖里猪列末位，称之为亥。据出土文物的同位素测定，中国人养猪至少已有五六千年的历史。猪是中国人饲养最多的家畜，猪肉在中国人的饮食结构中占有极重要的位置。

　　为宣传发展养猪业的重大意义，邮电部发行了这套《养猪》特种邮票。

邮票解析

　　图5-1【繁殖】猪成熟早，繁殖快，正常情况下生后5～12个月即可配种，妊娠期平均为4个月，每胎产仔6～15头。汉代的班固写过《相六畜》一书，表明当时已经非常注意优良品种的选择。公元三世纪的晋代《博物志》中，详细地记述了猪的品种特征。明朝徐光启的《农政全书》里，介绍了育猪的饲料配方。我国培育出的优良品种有浙江的金华猪、四川的内江猪、滇南的小耳猪、湖南的湖南猪、江苏的太湖猪等。华中农学院培育出湖北瘦肉型白猪，北京农业大学培育出微型猪，其肉质有香味，又称"香猪"，有很高的经济价值。19世纪英国的"巴克夏猪"、"约克夏猪"和美国的"波中猪"，都是选用了我国的优良猪种与当地猪种杂交培育而成的，我国的养猪业对世界猪种的改良发挥了重要作用。邮票画面描绘了母猪哺乳仔猪的情况。

　　图5-2【防疫】防治疾病，保证猪只健康发育，是繁荣养猪业的重要环节。我

国从有了养猪业，便有了防疫活动和兽医。战国时期的《周礼》中就记载了对病畜内、外科诊治的程序和护理。《神农本草经》上载有治疗猪疮和疥癣的医方。《齐民要术》中有瘟疫防治、病畜隔离等措施。现代养猪，对于防疫更为重视，猪舍强调通风、透光、起垫和定期消毒，为猪只生长创造一个良好环境，强调猪饲料的合理搭配，防止饲料的酸败或变苦，避免黄曲霉毒素等有害物质的毒害。强调猪只分群管理，定期检查，防治结合，不使疫病蔓延扩大，确保猪群健壮。邮票画面为正在给肥猪打防疫针的情景。

图5-3【肥猪满圈】养猪业关系国计民生，猪肉在我国肉类总产量中约占90%以上。为满足市场供应，除积极提倡农民家庭养猪外，国家还要有计划地建立商品猪生产基地，以解决肉食供应问题。据统计，1959年，全国各地建立了集体养猪场200多万个，大力推广养猪新技术，提高了生猪出栏率。邮票画面即满圈肥猪的情景。

图5-4【猪食堂】为使仔猪长膘多、出栏早、上市快、效益高，除选择优良猪种外，还要大力发展饲料工业，搞好科学配方，使仔猪、母猪、公猪、育肥猪等分别得到适合生长发育的饲料养分，降低养猪成本，促进生猪饲养业的发展。邮票画面为生猪集中喂养的情况。

图5-5【猪肥仓满】

猪在我国历来是农家副业致富的手段之一。"猪多肥多，肥多粮多"，一头猪即是一座小肥料厂。养猪积肥不仅可以松土、培根，而且可以长苗架，壮籽实，为农业肥料中的上品。邮票画面通过粮囤与肥猪的形象，反映出养猪与粮食丰收的关系。

猪

丹顶鹤

发行日期：1962.6.10

（特48）

3-1（243）丹顶鹤　　8分　　1 000万枚

3-2（244）丹顶鹤　　10分　　500万枚

3-3（245）丹顶鹤　　20分　　400万枚

邮票规格：31 mm×41 mm

齿孔度数：11度

整张枚数：50枚

版　　别：影写版

设计者：刘硕仁

原画作者：陈之佛

印刷厂：北京邮票厂

知识百花园

丹顶鹤，又称"仙鹤"，是我国珍禽中的一种。它属鸟纲鹤科，体长在1.2米以上，尾短，喙、颈和蹠蹼都很长。它属候鸟，飞翔力极强。每年3月转暖时，融

丹顶鹤1

雪尚未消尽，一群群丹顶鹤飞越数千里的征途，来到黑龙江省齐齐哈尔市东南郊30千米处的扎龙地区。它们在这里用蒲草、小叶草等，在高出水面15厘米左右的僻静处，铺垫成巢，栖息繁衍。营巢期间，行动诡秘，叫声减少，每年产卵两枚，经过一个月左右的孵化，小鹤便破壳而出，几天以后，幼鹤便能随着亲鹤去觅食游荡。10月中下旬，北方日渐寒凉，丹顶鹤便离开故乡，南迁至我国长江中下游和日本、朝鲜等地越冬。丹顶鹤取食鱼、虫等，兼食水草和谷类，寿命为20年左右。邮电部发行的这套《丹顶鹤》特种邮票，三幅画面均采用我国画家、工艺美术家和艺术教育家陈之佛创作的原画。

邮票解析

图3-1【丹顶鹤】画面中一只鹤伸出头颈置于空旷处，格外醒目；而另一只则低首曲颈，若有所思。它们两相依偎在竹林中，更显潇洒飘逸。

图3-2【丹顶鹤】画面为两只妙龄飞鹤，正在你追我赶，穿过朵朵彩云掠空而过。它们在无边的空际，生活得自由、无羁。

图3-3【丹顶鹤】画面为丹顶鹤在礁岩上巍然独立，侧身翘望那广阔的蓝天和青青的松枝，面对着汹涌澎湃的海涛而毫不畏惧。在孤独和逆境中，更见其冷静、沉着和坚强有力。

丹顶鹤2

丹顶鹤3

蝴蝶

发行日期：1963.4.5—7.15

20-1　　　20-2　　　20-3　　　20-4　　　20-5

20-6　　　20-7　　　20-8　　　20-9　　　20-10

20-11　　　20-12　　　20-13　　　20-14　　　20-15

（特56）

| 20-16 | 20-17 | 20-18 | 20-19 | 20-20 |

（特56）

20-1（285）西藏豆粉蝶　　4分　　400万枚

20-2（286）三尾褐凤蝶　　4分　　400万枚

20-3（287）青城箭环蝶　　4分　　400万枚

20-4（288）瓦山剑凤蝶　　4分　　400万枚

20-5（289）联珠带眼蝶　　4分　　400万枚

20-6（290）粉绿燕凤蝶　　8分　　600万枚

20-7（291）重月纹凤蝶　　8分　　600万枚

20-8（292）橙红薯灰蝶　　8分　　600万枚

20-9（293）金斑喙凤蝶　　8分　　600万枚

20-10（294）雾社翠灰蝶　　8分　　600万枚

20-11（295）黑缘橙粉蝶　　10分　　300万枚

20-12（296）丫纹樟凤蝶　　10分　　300万枚

20-13（297）橙纹银蚬蝶　　10分　　300万枚

20-14（298）海南紫喙蝶　　10分　　300万枚

20-15（299）峨眉毛弄蝶　　10分　　300万枚

20-16（300）荧光翼凤蝶　　20分　　300万枚

20-17（301）祁连红绢蝶　　20分　　250万枚

20-18（302）天蓝纹紫蝶　　22分　　100万枚

20-19（303）葱岭铜灰蝶　　30分　　100万枚

20-20（304）云南丽蛱蝶　　50分　　100万枚

邮票规格：23.5 mm×36 mm

齿孔度数：11度

整张枚数：70枚

版　　别：影写版

设计者：刘硕仁

印刷厂：北京邮票厂

知识百花园

蝴蝶属昆虫纲鳞翅目，是锤角亚目中唯一的成员。它们的翅和体表密被各色花斑。头部有锤状或棍棒状触角一对，复眼一对。口器成喙，平时做旋状卷曲。胸部有足三对，翅两对。形态万千，大小悬殊，最大的如澳大利亚和伊里安的一种，展翅可达26厘米，身躯粗重，在丛林地带飞翔，一般要用弓箭才能把它击落。南美的环蝶，展翅可达24厘米，均为蝶中王。而最小的为灰蝶，展翅只有15毫米。全世界蝴蝶约有16 000种，其中大部分分布于美洲，尤以巴西境内的亚马孙河流域最为集中。我国也是蝴蝶资源较丰富、种类较多的国家之一，目前已发现有11科，即凤蝶、绢蝶、粉蝶、斑蝶、眼蝶、环蝶、蛱蝶、喙蝶、蚬蝶、灰蝶、弄蝶等，约1 300种左右，以云南、海南岛、台湾产蝶最多。大理的蝴蝶泉、台湾的美浓镇更是名闻遐迩，香港的蝴蝶也有150种以上。

邮电部发行的这套《蝴蝶》特种邮票，20幅画面均是我国蝴蝶资源中的独有品种或世界珍稀品种。设计者在描绘它们各自的体型、结构、花纹、色彩、飞翔规律的同时，又把代表它们各自的主要产地和象征它们生活习性的树木、小溪、高山、瀑布等作为衬景，从而加深了人们的印象，强化了艺术渲染效果。

邮票解析

图20-1【西藏豆粉蝶】西藏豆粉蝶展翅宽48毫米左右，翅色鲜黄，外缘黑色，缀有姜黄色珠点。生活在海拔4 000米左右的高原，飞翔迅速，不易捕捉，数量少，为我国西藏高原特产的珍稀品种。邮票画面背景为终年积雪的珠穆朗玛峰。

图20-2【三尾褐凤蝶】我国特产凤蝶之一。翅色暗褐，缀有橙黄色纵线纹，

后翅各有三条尾突，由此得名"三尾"。臀角有蓝点及鲜红色斑，生活在我国中南部一带的山林间。飞翔慢，容易捕捉。邮票画面背景为我国四川省的陡峭山峰。

图20-3【青城箭环蝶】我国特产环蝶之一。展翅宽80毫米左右。翅色棕黄，翅缘有一箭形黑纹。其飞翔较慢，主要生活在我国四川西部崇山峻岭的茂密竹林中。邮票画面背景为一枝翠竹。

图20-4【瓦山剑凤蝶】我国一种名贵凤蝶。双翅狭长，展翅宽58毫米左右。乳白微黄，黑色带纹。后翅拖着长尾，飞翔力极强，不易捕捉。邮票画面背景为蓝天白云。

图20-5【联珠带眼蝶】产于我国四川西部宝兴一带，在亚洲东南部的国家也有发现。展翅宽40毫米左右，翅色大部青灰，斜贯黄白色带，外侧为串珠状眼纹，由此得名"眼蝶"。生活在田园草场，飞翔平缓，易捕捉。邮票画面背景为几簇青草。

图20-6【粉绿燕凤蝶】为凤蝶中最小的一种，展翅宽28毫米左右。通体浓黑，前翅有一片无鳞，透明。前后翅有一条粉绿带纹。后翅尾突细长，故名"燕凤蝶"。其翔姿独特，能利用四翅急速扑动和长尾的平衡摆动，长时间在空中停留。主要生活在我国南方的花间草丛中，属珍贵蝶种。邮票画面背景为热带植物绿叶。

图20-7【重月纹凤蝶】仅产于我国台湾地区的一种罕有凤蝶。其两翅底色乌黑，翅面布满黄绿鳞。后翅前缘有青蓝色斑，翅里有朱红色弦月纹，生活在台湾的山岳地带。邮票画面背景为阿里山。

图20-8【橙红薯灰蝶】我国海南热带地区的一种大型灰蝶。展翅宽33毫米左右。翅色橙红，前翅外缘镶黑边，后翅尾突长，翅里橙黄。生活在海南岛的林缘低地上，幼虫喜食薯蓣和菝葜等的叶子。邮票画面背景为山丘和椰林。

图20-9【金斑喙凤蝶】为我国特有珍贵凤蝶。仅产于我国广东的龙头山和福建的武夷山区。该蝶为手掌大小。前翅略呈正三角形，边缘饰有一条黑带，基半部密被细小翠绿鳞片。后翅中间镶有两块金黄色宝镜般花斑，尾突上拖有细长飘带。通体由黄橙色的脉纹交错其间，色彩鲜艳，绚丽多姿，有"金斑喙凤仙子"之称。我国曾捕获四只，在20世纪30年代初被英德帝国主义掠走。1984年8月20日下午，中国东方标本公司采集队终于在武夷山捕获到一只，将这一"国宝"标本存放在北京自然博物馆中。邮票画面以武夷山的瀑布和群峦为背景。

图20-10【雾社翠灰蝶】主要分布在我国台湾地区，系我国特产。通体呈翠色，并具金属般光泽。其前、后翅里面均呈灰褐色，并有灰白色外缘线4条。后翅尾突纤弱，臀角一带有2块黑色橙红斑。其特点是雄蝶具有领域性，喜欢在山路隘口的阔叶树上栖息求偶。邮票画面以阔叶树的枝叶为背景。

图20-11【黑缘橙粉蝶】为广东、福建、云南等地常见的一种粉蝶。雄蝶前翅橙红，后翅淡黄，前后翅边缘缀黑边。雌蝶有两种颜色，一为浓橙，一为灰色，翅边有黑缘。其飞速平缓，生活在泽边沟畔花草之间。邮票画面以清澈的小溪为背景。

图20-12【丫纹樟凤蝶】为我国云南、海南岛一带常见的一种美丽凤蝶。前后翅呈黑色，翅面缀有青绿色透明斑。翅里绿斑表面有银光。后翅基部有"丫"形纹，臀角有鲜红色"V"形花斑。较机警，多在热带樟树林间出现。邮票画面以挺拔的樟树为背景。

图20-13【橙纹银蚬蝶】我国西南地区山岳地带的蝶种，东南亚国家也有分布。属蚬蝶科，展翅宽38毫米。通身暗褐色，翅面斜缀浓橙色宽带纹。翅里暗黄，有黑线条。飞速低，常生活在热带丛林或沟边泽畔。邮票画面以一片灌木丛为背景。

图20-14【海南紫喙蝶】我国海南岛的特产蝶种，1960年8月首次在五指山捕获。通体密被紫鳞，有金属光泽。蝶翅四周底色暗褐，前翅宽前角突出，上有3个小白点。唇须粗壮，前伸很长，实为蝶中色彩独特者，喜在山坡林间飞翔。邮票画面以海南岛五指山为背景。

图20-15【峨眉毛弄蝶】我国峨眉山的特产弄蝶。其体型较大，展翅宽达60毫米。通体淡褐色，前、后翅中部缀有大片无色半透明斑，黑色条纹。翅面有豆绿色鳞片，逆光斜视可发出闪光。飞速较快，只生活在峨眉山区。邮票画面以峨眉山为背景。

图20-16【荧光翼凤蝶】我国台湾兰屿的滨海丛林中的珍贵蝶种，在菲律宾诸岛中也广为分布。浓黑色前翅很大，上有淡灰黑色花纹。后翅短小，呈金黄色，逆光可见青绿色荧光，主要生活在热带环境中。邮票画面以宽大的热带芭蕉叶为背景。

图20-17【祁连红绢蝶】产于我国甘肃省祁连山一带的珍贵绢蝶。前后翅白底色，半透明，上披腊质，状如绢，故得其名。翅形浑圆，在白底色的翅上缀有红、

黑和黄色斑纹，斑纹多为环状，生活在海拔很高、雪线上下的地区，耐寒力极强。邮票画面以祁连雪山为背景。

图20-18【天蓝纹紫蝶】盛产于我国台湾地区的珍贵蝶种，在东南亚的热带地区也有分布。通身紫蓝色。前翅后缘圆突，后翅呈圆状，翅之外缘有珠纹。是热带常见的美丽蝶种。邮票画面以热带植物的叶子为背景。

图20-19【葱岭铜灰蝶】生活在海拔5 000多米的我国葱岭雪山上的特产灰蝶。展翅宽26毫米左右。通体橙红色，前、后翅外缘有黑边。1946年7月，我国蝴蝶专家李传隆教授在葱岭首次捕获。邮票画面以雪原上的野草丛为背景。

图20-20【云南丽蛱蝶】产于我国云南山区的珍贵蝶种，在东南亚热带区域也有发现。它是蛱蝶科中最为艳丽的一种大型蛱蝶。展翅宽为90毫米左右。通体黑底色，前翅中部有一条月白色半透明斑。后翅有天蓝色鳞片，生活在云南的崇山峻岭和原始密林中，不易捕捉。邮票画面以繁茂的灌木丛为背景。

蝴蝶

熊猫

（特59）

（特59无齿孔）

3-1（330）	熊猫	8分	600万枚
3-2（331）	熊猫	10分	300万枚
3-3（332）	熊猫	8分	600万枚

邮票规格：（1、3图）26 mm×36 mm；（2图）48 mm×27 mm

齿孔度数：（1、3图）11.5×11度；（2图）11.5度；无齿孔

整张枚数：50枚

版　　别：影写版

设计者：孙传哲

原画作者：吴作人

印刷厂：北京邮票厂

熊猫1

知识百花园

　　熊猫，中国特产，世界著名珍稀动物。中国和世界野生动物基金会签订的议定书中说："大熊猫不仅是中国人民的宝贵财富，而且也是全世界人民所关心的宝贵的自然遗产。"为宣传保护大熊猫这一珍稀"国宝"，邮电部发行这套《熊猫》特种邮票。三幅画面均采用我国著名画家吴作人先生利用泼墨写意的中国画方式创作的原画进行设计的。并同时发行了无齿孔票。

　　熊猫被誉为中国的"国宝"，其形象早已家喻户晓。熊猫虽属于食肉动物，但因长期对自然环境的适应，已转变成专门食竹的兽类，因而性情温和，行动迟

缓，体形敦厚，招人爱怜，屡屡作为我国的友好使者远赴海外，又多次成为体育盛会的吉祥物。世界野生动物基金会就是以熊猫形象作为该组织的会徽的。熊猫早在几十万前年就在我国繁衍，至今仍保留着远古哺乳动物的一些特征，是难得的"活化石"。但目前仅生活在四川西部、北部和甘肃、陕西南部等地，数目已不足1 000只，并且由于环境的日益恶化，生存条件日益严峻。1962年，国务院把熊猫定为国家保护的珍稀动物，并设立了自然保护区。1984年国际濒危特种公约将大熊猫作为规定保护的一类动物。

熊猫2

金丝猴

发行日期：1963.9.25

（特60）

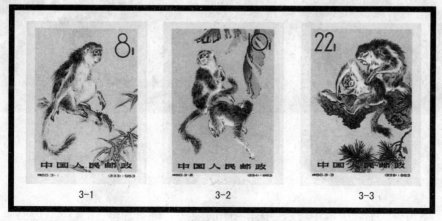

（特60无齿孔）

3-1（333）金丝猴　　8分　　600万枚

3-2（334）金丝猴　　10分　　300万枚

3-3（335）金丝猴　　22分　　100万枚

邮票规格：26.5 mm×36 mm

齿孔度数：11.5×11度

整张枚数：50枚

版　　别：影写版

设计者：孙传哲

原画作者：刘继卣

印刷厂：北京邮票厂

金丝猴1

知识百花园

　　金丝猴，属哺乳纲疣猴科。体长约70厘米，头圆，耳短，无颊囊。金丝猴是我国独有的珍稀动物，现只分布在我国的云南和贵州，以及四川北部、甘肃东南部、陕西南部的深山密林中。终年生活在海拔2 500～3 000米的高寒地区。

位于我国横断山脉的白马雪山自然保护区，气候适宜，阳光充沛，原始森林覆盖了整个山麓，良好的自然环境为各种动物提供了繁衍生息的优越条件。这里生活着520多种脊椎动物，生长着近9 000多种高等植物，漫山遍野的栗树、青冈树、桦树、白杨树、马尾松、野樱树等，为金丝猴提供了良好的生活环境。

金丝猴共分三种：金丝猴，脸两侧、胸及后腿赤色，分布于四川、甘肃和陕西南部；滇金丝猴，脸两侧为白色，分布于云南、四川西部和西藏东部；黔金丝猴，两肩之间有一卵圆白色毛区，分布于贵州与四川之间。金丝猴被我国列为一级保护动物。

本套邮票由中国邮电部于1963年发行，共三枚。票名均为"金丝猴"。图案上，金丝猴的头部和背部的色彩同红狐一样，四肢和尾部都是淡灰色，胸部是白色，有一双圆而黑的眼睛。脸是蓝色，鼻子上翻，背部两侧有两组淡黄色的长毛。

为宣传保护金丝猴，邮电部发行了这套《金丝猴》特种邮票。三幅画面均采用我国著名画家刘继卣创作的原画进行设计。并同时发行了无齿孔票。

金丝猴2

熊猫

发行日期：1973.1.15

6-1（57）　　　　6-2（58）

6-3（59）　　　　6-4（60）

6-5（61）　　　　6-6（62）

（编57-62）

6-1（57）熊猫　　　20分　　　1 000万枚

6-2（58）熊猫　　　10分　　　1 000万枚

6-3（59）熊猫　　　8分　　　1 000万枚

6-4（60）熊猫　　　8分　　　1 000万枚

6-5（61）熊猫　　　4分　　　1 000万枚

6-6（62）熊猫　　　43分　　　1 000万枚

邮票规格：（图1、2、5、6）30 mm×40 mm；（图3、4）40 mm×30 mm

齿孔度数：（图1、2、5、6）11.5 mm×11度；（图3、4）11 mm×11.5度

整张枚数：50枚

版　别：影写版

设计者：许彦博

印刷厂：北京邮票厂

知识百花园

　　熊猫是中国特产的稀有动物。据记载，早在公元685年，唐朝皇帝就曾将两只大熊猫送给日本的天武天皇。1938年5月，我国华南大学向美国赠送一只名为"潘杜拉"的大熊猫，饲养在纽约动物园。第二次世界大战后，当时的四川省政府主席张群送给英国伦敦动物学会一只名叫"联合"的大熊猫。1957年，雌性大熊猫"平平"被送到苏联。1959年，我国又送给苏联一只雄性大熊猫"安安"。同年，还送给朝鲜五只大熊猫。进入20世纪70年代初，中国在外交上取得了一系列重大突破，随着国际声望的日益提高，在一些国家出现了中国熊猫热。随着1972年中日建交，我国送给日本一对大熊猫"兰兰"和"康康"，它们一到东京，便引起全城轰动。1973年，我国送给法国巴黎动物园一对名叫"燕燕"和"黎黎"的大熊猫。1975年9月又送给墨西哥一对名叫"贝贝"和"迎迎"的大熊猫。1980年向日本又送去"欢欢"。1982年又送给日本一只雄性大熊猫。这些活动，都进一步密切了我国同这些国家的友好关系，联络和沟通了彼此国民的感情。

　　为进一步宣传我国这一特有珍稀动物，增进与各国的交往和友好，1973年1月15日，交通运输部邮政总局发行了这套邮票。这是继1963年8月5日，邮电部发行的

认识邮票中的动物世界

27

特59《熊猫》邮票之后，我国正式成套发行的第二套熊猫邮票，两套邮票的图案均依据我国著名画家吴作人先生所创作的原画进行设计，生动而逼真地表现出这一珍稀动物的生活习性和特征。

邮票解析

图6-1【熊猫】熊猫喜食竹笋、嫩竹叶和竹枝，一只成年熊猫每天要进食十千克左右的食物。在野生条件下，有人曾在它的胃里发现过鼠类的残余。而在动物园里，大熊猫除了植物性饲料外，对于牛奶、鸡蛋、稀饭，还有苹果等也很感兴趣。邮票画面描绘了一只大熊猫正在嚼吃竹叶的情景。

图6-2【熊猫】熊猫的寿命大约为15年，其繁殖能力很低，每胎只产1～2仔，初生时极小，很难成活长大。在人工饲养下的熊猫更难以繁殖。1963年，北京动物园首次繁殖成功，熊猫妈妈可能是过于兴奋，竟把幼仔头朝下抱着。邮票画面是吴作人先生依据这次熊猫繁殖场面进行设计的，因此，在这枚邮票上没有箭竹的背景，只是把幼仔的头朝上画着，使之更符合人性。

图6-3【熊猫】熊猫仔产下后生长很慢，需在母亲精心照料下慢慢长大。邮票画面以一片修竹为背景，描绘了熊猫妈妈正在训练幼仔进食的情景，既体现了母子亲情，也表现了这种动物的天性。

图6-4【熊猫】熊猫性情温驯，极和善，对于同伴富有同情心和爱护感，从不互相争斗、撕咬，并常常能做出许多令人发笑的动作，因此深受人们喜爱。邮票画面描绘了一对熊猫兄弟正在进食的情景，它们悠然自得，十分亲切。

图6-5【熊猫】熊猫喜孤独、耐寂寞、不群栖、善攀缘，昼夜均活动，边走边食，一天要走许多路，但活动范围并不大，大约一平方千米左右。邮票画面即描绘了一只大熊猫背依竹林，尽情进食的情景。

图6-6【熊猫】熊猫成熟后，多在春末夏初交配，晚秋产仔。邮票画面描绘了两只成年大熊猫，在一起"边吃边谈"的情景，表现了熊猫的又一种生活习性。

金鸡

发行日期：1979.1.25

3-1　　　　　　　　3-2　　　　　　　　3-3

(T35)

3-1竹石金鸡　　　4分　　　800万枚

3-2金鸡展翅　　　8分　　　800万枚

3-3金鸡觅食　　　45分　　　200万枚

邮票规格：31 mm × 52 mm

齿孔度数：11.5度

整张枚数：40枚

版　别：影写版

设计者：刘硕仁

印刷厂：北京邮票厂

知识百花园

金鸡，又名锦鸡、红腹锦鸡、架鸡、天鸡、毛毛鸡等。属鸟纲鸡形目雉科动物。分布在我国青海、甘肃、陕西、四川、贵州等省，常栖息在海拔500～1 000米的山岭灌木丛或密林中。金鸡羽毛鲜艳，尤以雄鸟最为独特，它的尾长往往超过体长的两倍以上，头部具有金黄色丝状羽冠，散复颈上。后颈围生金黄色棕色扇状羽，形如披肩。周身羽毛上背浓绿，羽缘带黑，其余背羽和腰羽呈金黄色，至腰侧转呈深红。尾羽大半黑褐、桂黄相间成斑状，至端部渐转赭红色。下体自喉部往下为深红，肛周淡栗色。雌鸟后颈和头顶黑褐，并杂以肉桂黄色，上背棕色而具黑褐横斑，上体余部棕褐色，翅心上黑斑更粗。金鸡体态俊美，羽毛灿烂华丽，是世界上有名的观赏鸟。我国金鸡虽分布面较广，但数量并不多，我国已将其列为二级保护动物，并建立了自然保护区，以便于其栖息繁殖。

邮票解析

图3-1【竹石金鸡】邮票画面为一对金鸡情侣正在竹石间谈情，雄鸟以其美丽的翅尾向雌鸟炫耀的情景。金鸡每巢有雏鸟3～4只。孵化后，数只雌鸟同幼雏在一起集群活动。

图3-2【金鸡展翅】邮票画面为一只展翅飞翔的雄金鸡，其尾羽很长，翅膀不发达，不善远飞，性情很温顺。

图3-3【金鸡觅食】邮票画面为一只雄金鸡，正在山岩上翘起尾羽，专心觅食。金鸡食性较杂，以植物种子为主，如草籽、胡颓子、玉米、麦粒、豆类等，也食麦叶、药枣、野蒜等。

东北虎

发行日期：1979.7.20

3-1　　　　　　　3-2　　　　　　　3-3

（T40）

3-1岩谷回声　　　4分　　　1 000万枚

3-2呼应原野　　　8分　　　1 500万枚

3-3喧啸草莽　　　60分　　　200万枚

邮票规格：30 mm×40 mm

齿孔度数：11.5 mm×11度

整张枚数：50枚

版　别：影写版

设计者：刘硕仁

印刷厂：北京邮票厂

认识邮票中的动物世界

知识百花园

东北虎主要分布和栖息于中国黑龙江、吉林省的小兴安岭和长白山一带，朝鲜北部和西伯利亚一带也有分布，因此，国外又称它为朝鲜虎、西伯利亚虎、乌苏里虎、黑龙江虎等。东北虎是一个最大的地区种，一般体重为200千克左右，身长2米左右。最大的可重达320千克，长达4米。毛为淡黄色，很长，所以又有长毛虎之称。它喜食鹿、野猪、獐等有蹄动物，最爱捕食野猪。它常在不高的丘陵地带活动，喜欢独来独往。主要在夜间活动，白天潜伏在草丛中睡觉休息。它没有固定的巢穴，但有一定的活动范围。过去人们为了获取贵重的虎骨、虎皮，滥捕乱猎，使它们的数量急剧下降，许多地方现已绝迹。据有关部门调查，估计现存的野生东北虎仅剩200只左右。为了保护东北虎，中国已明令严禁猎取，并划出了一定范围的保护区供它们安全生存。国际动物保护组织也将东北虎列为国际上的珍贵动物，而且国际毛皮组织禁止将虎皮作为贸易商品。

这套《东北虎》特种邮票，原画由我国著名的画家刘继卣先生创作。

邮票解析

图3-1【岩谷回声】邮票画面描绘一只东北虎在深山峡谷中，引颈长啸的神情，表现了这种猛兽"摧岩拔木"的力量和威风。

图3-2【呼应原野】邮票画面描绘一对东北虎在发情期相依相偎的情景，表现了这种猛兽求偶时互相依恋的亲密之情。

图3-3【喧啸草莽】邮票画面描绘了一只东北虎在草丛中捕食猎物的场面，表现了这种猛兽的敏捷、凶狠和威猛。

东北虎

梅花鹿

发行日期：1980.12.15

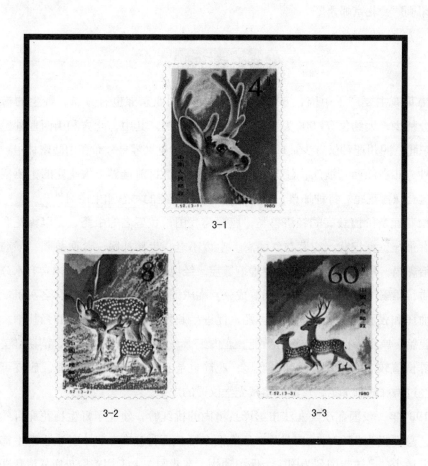

3-1

3-2

3-3

（T52）

3-1雄鹿　　　4分　　　500万枚

3-2母子鹿　　8分　　　1 500万枚

3-3群鹿　　　60分　　　150万枚

邮票规格：31 mm×38.5 mm

齿孔度数：11.5度

整张枚数：50枚

版　别：影写版

设计者：张克让

印刷厂：北京邮票厂

知识百花园

　　梅花鹿主要产于中国，日本、朝鲜和西伯利亚东部也有分布。野生的梅花鹿十分稀少，大约仅存1 000头左右，大部分在中国。其中，北方和山西亚种已绝迹；东北、四川亚种仅有少量野外生存；台湾亚种也见零星分布在山间密林中；南方亚种分布在江西、浙江、江苏、两广一带，这是目前世界上梅花鹿的主要栖息地。这套《梅花鹿》特种邮票，生动地表现了梅花鹿的神态和生活习性。

　　梅花鹿是价值较高的经济兽类，鹿茸为我国最负盛名的中药，尤以梅花鹿的黄毛茸最佳。据记载，鹿茸益气强志、生齿不老、生精补髓、养血益阳、强筋健骨，治虚损、耳聋、目暗、眩晕、虚痢等症。经现代科学分析，鹿茸内含有水分、蛋白质、雌酮、胶质、磷酸钙及镁等成分。临床证明，鹿茸有增强人体各种机能、降低血压和强心作用，并能调节神经，促进生长发育，是一种良好的强壮剂。鹿角、鹿胎、鹿脂等也有一定滋补效能。鹿肉细嫩，纤维柔软，脂肪少，清淡鲜美，是营养价值较高的肉食。鹿脯、鹿尾、鹿筋也是我国传统的珍馐佳肴。鹿皮可制革，经过特殊鞣制加工，可制成擦拭光学仪器的皮革。

　　1981年，我国在江西九江市彭泽县境内的桃红岭，建立了野生梅花鹿自然保护区，总面积为4 500公顷。另外，还有两个野生亚种分布在日本。由于野生梅花鹿数量稀少，已被我国列为国家级保护动物。在我国，人工饲养梅花鹿从清代即已开始。新中国成立后，在国家的大力支持下，各地的养鹿事业发展很快，许多地方已经由圈养发展为成群牧养，鹿的数量和鹿茸等产品的产量增长迅速。

邮票解析

图3-1【雄鹿】邮票画面为一只雄鹿的头部，伸直脖颈，翘首远望，头上那两根多枝而刚刚成形的角，微微向里弯曲，显得英姿勃勃。

图3-2【母子鹿】邮票画面描绘了一对梅花鹿母子亲昵相偎的形象。

图3-3【群鹿】邮票画面为在深秋山林中奔跑的鹿群。

梅花鹿

白鳍豚

发行日期：1980.12.15

（T57）

2-1悠然自得	8分	1 200万枚
2-2环游潜底	60分	150万枚

邮票规格：40 mm×30 mm

齿孔度数：11×11.5度

整张枚数：20枚

版　　别：影雕版

设计者：刘硕仁

雕刻者：李庆发、姜伟杰

印刷厂：北京邮票厂

知识百花园

白鳍豚是我国特有的珍稀水生哺乳动物，现仅生存在长江中下游的湖北枝城至江苏太仓浏河之间的1 600多千米的江段中，总数约有200头，为我国一级保护动物，国际上已将其列入世界濒危物种名录。

白鳍豚属齿鲸亚目淡水豚科，其生存史据化石考证，已有4 500万年之久，是中新世及上新世延存至今的古老孑遗物种，堪称动物中的活化石。我国早在2 000多年前，西汉时的《尔雅》一书，有"鳍即"之句。晋代，郭璞为《尔雅》注释，对白鳍豚的形态和习性做了描述："鳍，鱏(即海豚类)属也，体似鲟鱼，尾如鲥鱼(即江豚)，大腹，喙小，锐而长，齿罗生，上下相衔，鼻在额中，能作声。少肉多膏(即脂肪)，胎生，健啖细鱼，大者长丈余，江中多有之。"宋代，孔武仲做江豚诗，有"墨者江豚，白者白豚，状异名殊，同宅大水"的句子，指明了白鳍豚和江豚殊同之处。清代蒲松龄在《聊斋志异·白秋练》中，描绘了美丽聪明的少女白秋练即是白鳍豚的化身，并写到其母被渔民捕获显现原形的情景："白鳍……巨物也，形全属人，乳阴毕具。"白鳍豚喜欢群聚生活，少则二三头，多则十多头，栖息活动在长江中的江心洲和边滩附近的大洄水区，这里枯水季节露出水面，芦苇杂草丛生，汛期又被淹没，成为鱼类索食的渔场，因而吸引了以鱼为食的白鳍豚来此栖息。其繁殖期为每年四五月份，孕期10个月，每胎一仔，幼豚出生后，母子相依，十分亲密。5岁时性成熟，寿命可达20多年。成年雌豚长可达2.5米以上，重170千克以上；雄豚长可达2.2米，重可达125千克。

白鳍豚在水生生物学、动物声学、生物物理学、仿生学和军事科学上，都具有重要的理论研究和实际应用价值，历来为学术界所高度重视。首先，白鳍豚具有发达的大脑，是一种非常聪明的动物。据测定，脑量与自身体重之比，人为2.1%，黑猩猩为0.70%，而白鳍豚却达到1.17%，是除人之外脑部最发达的动物。并且它的大脑宽度超过长度，和一般动物相反，因而对声音敏感，脑颞叶和嗅叶都很发达，模仿力和接受能力都较强。其次，白鳍豚有自己的声呐系统，它在长期的混浊江水中生活，两只小眼睛已经退化，但却能依靠超声通信，探寻目标，猎获食物，寻找同伴，逃避危险，这种生理结构是特异的。再次，白鳍豚有着与众不同的皮肤。相对于自身体重，它在水中的游速是很快的，据测定，连高速推进的鱼雷也要相形见绌。其奥秘即在皮肤上，没有鳞片，细腻光滑，且富有弹性，水从它身体表面流过，摩擦力极微甚至达到了片流状态。这些都给人类以很大启示。最后，白鳍豚还是研究鲸类演化、发育的珍贵材料。因此，为保护和拯救白鳍豚，国家已采取措施，取缔在长江中的有害捕鱼作业；建立白鳍豚自然保护江段；在长江外适宜水域引进白鳍豚；建立半天然白鳍豚养护增殖场，以及开展白鳍豚人工繁殖实验等系统工程。

为宣传保护白鳍豚，邮电部发行了白鳍豚特种邮票一套两枚。

邮票解析

图2-1【悠然自得】邮票画面上为一头纺锤状体形的白鳍豚，正在江水中独自缓游的情景，表现了这种动物安闲自若的神态。

图2-2【环游潜底】邮票画面上为两头流线型的白鳍豚交替环游戏水的情景，表现了它们群聚的习性和优哉游哉的神态。

畜牧业——牛

发行日期：1981.5.5

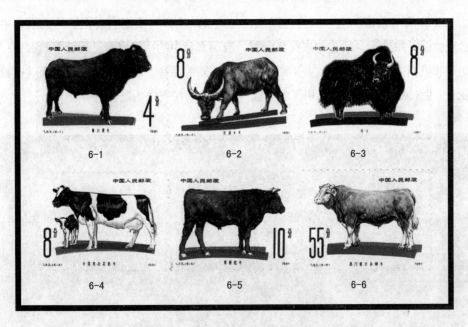

（T63）

6-1秦川黄牛	4分	493.16万枚
6-2滨湖水牛	8分	1 087.16万枚
6-3牦牛	8分	1 103.16万枚
6-4中国黑白花奶牛	8分	919.16万枚
6-5草原红牛	10分	609.16万枚
6-6西门塔尔杂种牛	55分	178.16万枚

邮票规格：40 mm × 30 mm

齿孔度数：11 × 11.5度

整张枚数：50枚

版　别：影写版

设计者：黄里

印刷厂：北京邮票厂

　　牛作为"六畜"之一，自古以来便与人类的生产、生活有着密切的关系。牛适应性强，用处大，喂养起来经济合算。我国畜牧中的牛饲养业已从役牛向肉牛、奶牛和乳肉兼用方向转化，并不断选育培养出新的品种。邮电部发行的这套《畜牧业——牛》特种邮票，均选用了我国优良品种牛的代表作为题材。

滨湖水牛

图6-1【**秦川黄牛**】黄牛以其色黄而得名，但不都是黄色，也有草黄、紫红、浅红、褐、深褐、黑等色。它是我国各类牛中数量最大、品种最多、分布最广的品种，又分为蒙古牛、华北牛、华南牛等三大类型。著名的地方良种有秦川牛、南阳牛、延边牛、海南高峰牛等。它们的共同特点是体躯高大，耐粗饲，挽力强。邮票画面上为一头主产于陕西关中地区的秦川黄牛，被毛多枣红色，性情温驯，行动稳健，肉质良好。成年公牛平均体高1.4米，体长1.7米以上，胸围1.9米，体重615千克，最大挽力398千克，每小时可耕地637平方米，为我国黄牛之冠。

图6-2【**滨湖水牛**】水牛体躯较大，肌肉丰厚，成牛体高约1.5米，重可达1 000千克。被毛稀短，多为青灰色。两角如弓，腹大而圆，四肢有力，步伐稳重，行动迟缓，性情温顺。因其特别喜好水，盛夏酷暑，每天要下水数次，由此得名"水牛"。但水牛冬季却不胜严寒，因此只分布在淮河以南气候温暖的广大地区，是南方水稻产区的主要役畜。我国水牛总量居世界第二位，仅次于印度，约有2 000万头。邮票画面上这头湖南滨湖水牛，是我国水牛的优良品种。此外，还有四川安宁河水牛、浙江温州水牛等，都是水牛家族中的佼佼者。

图6-3【**牦牛**】又叫"旄牛"，以披挂一身长毛而得名。其体魄强壮，行动矫健，可身负千斤，素有"高原之舟"之盛名，是高原山区理想驮畜。牦牛适应环境能力极强，即使在零下三四十摄氏度，空气稀薄，海拔3 000米以上的高寒地带也能生活。刚生下的小牛过半小时后就能在风雪中奔跑。牦牛终年居高山，饮冰溪，吃野草，属于在海拔4 000米以上生活的野牦牛驯化而来的原始品种。现主要分布在我国青海、西藏和新疆等地，总数约1 200多万头，占世界总量的85%，其余分布在蒙古、俄罗斯、阿富汗、尼泊尔、印度、不丹等国家。牦牛虽其貌不扬，但肉质却很鲜美，奶汁浓稠，毛可供纺织，尾毛可做"拂尘"，为古代进贡珍品，现在亦供出口。

图6-4【**中国黑白花奶牛**】是中国黄牛与国外各种类型的荷斯坦牛经过长期杂交选育而形成的品种。体格健壮，抗病力强。年平均产奶6 000千克，有上万千克的高产个体，并有终身产奶10万千克以上的佼佼者，这个产量已接近世界先进水平。邮票画面上为美丽而健壮的黑白花奶牛母畜和幼畜。

图6-5【草原红牛】为我国自己培育的乳、肉兼用牛优良品种，它是用英国短角公牛和蒙古母牛杂交选育的，具有体大、肉多、奶多、适宜北方草原放牧饲养等特点。草原红牛与蒙古牛比较，公牛平均产肉量提高一倍，母牛产奶量约为3倍。

图6-6【西门塔尔杂种牛】为瑞士西门河谷的西门塔尔牛与我国北方黄牛杂交而产生的新品种。这种牛产肉比当地黄牛可提高50%左右，母牛产奶可提高3～4倍，是我国进行牛种改良的成功范例。邮票画面上这头西门塔尔杂种牛，肌肉丰满，骨骼粗大，四肢健壮，前躯发达，充分显示出其具有父、母本之优势。

黑白花奶牛

紫貂

发行日期：1982.6.20

2-1

2-2

(T68)

认识邮票中的动物世界

2-1警　　8分　　1 187.96万枚

2-2扑　　80分　　268.16万枚

邮票规格：40 mm × 30 mm

齿孔度数：11.5度

整张枚数：20枚

版　　别：影写版

设计者：孙传哲

印刷厂：北京邮票厂

知识百花园

紫貂属于鼬科，野生数量较少。体型似猫，身体较长，约40~50厘米，体重500~800克，尾长15~17厘米，虽短却粗。全身毛呈棕褐色，头部稍浅。喉部略带黄白色。它们生活、栖居于针叶林和针阔叶混交林中。在冷杉、落叶松大面积针叶林里数量较多。

紫貂喜欢在树洞内、树根下和石堆中筑巢。紫貂是肉食性动物，爱吃野鼠、野兔和鸟类，也吃野菜、野果、松子和鱼。

紫貂白天一般不动，卧在巢内长时间休息，等到清晨或黄昏则出来觅食。其行动敏捷，性情机警，反应迅速，善于爬树，主要在地面上活动，林中雪地上常留下它们奔跑的足迹。若在白天活动时，则需避免阳光长时间照射。遇暴风雪就整天卧伏洞内。

紫貂每年繁殖一次，春末夏初产仔，每胎1~2只。初生小貂身覆白毛，产后几小时，毛色便变成灰色。

在我国，紫貂广泛分布在大、小兴安岭和长白山地区。紫貂闻名于世，也正是以其皮毛品质极佳著称。貂皮毛绒丰厚，长短适中，毛被细致柔软，光泽如绸缎，若用它轻轻拂面，使人有如接近火焰的感觉，历来被视作裘皮中的珍品，是制作防寒衣物和装饰品的上等材料。貂皮、狐皮以及波斯羊羔皮组成了国际裘皮市场的三大支柱，其中貂皮贸易额占50%，被誉为"世界毛皮之冠"。国外一些商人把貂皮当作黄金一样储备，因而亦称为"软黄金"。在我国古代，皇帝的侍人们爱用貂的尾巴来做帽子的装饰。

《晋书·赵王伦传》中记载，当时由于任官太滥，貂尾不足，就用狗尾代替，因此人们讥诮说："貂不足，狗尾续。"成语"狗尾续貂"即源于此，是说优在前劣在后，好坏不相称。清朝还规定，只有高官显爵才能穿着貂皮，以贵重的毛皮来抬高其身价。实际上，当时官府已垄断了貂皮的生产，有言道"头品玄狐二品貂，三品四品穿倭刀"，倭刀为青狐别名，貂皮仅次于玄狐。紫貂被列为国家二类保护动物，严禁猎杀。

这套《紫貂》特种邮票的发行，目的在于宣传保护珍稀野生动物。

邮票解析

图2-1【警】邮票画面上，在一棵松树的枝杈间，正停留着一只紫貂，两耳竖起，肌肉紧张，眼睛警觉地注视着前方。也许它闻到了什么气味，或许是听到了什么声响，只要一有危险，它便会立即做出反应。

图2-2【扑】邮票画面上，一只紫貂正甩起粗尾奋起四肢，从一棵大树上猛扑下来，死死地盯住了目标，它那矫健的身姿，敏捷的动作，充分表现了紫貂的生机与美感。

益鸟

发行日期：1982.9.10

（T79）

5-1戴胜	8分	907.66万枚
5-2家燕	8分	827.66万枚

杜 鹃

（T79 小型张）

5-3 黑枕黄鹂	8分	1 032.66万枚
5-4 大山雀	20分	555.16万枚
5-5 斑啄木鸟	70分	292.66万枚
小型张　杜鹃	2元	101.22万枚

邮票规格：30 mm×40 mm

小型张规格：136 mm×80 mm，其中邮票尺寸：60 mm×40 mm

齿孔度数：11.5×11度

整张枚数：50枚

版　别：影写版

设计者：李印清

印刷厂：北京邮票厂

知识百花园

这套《益鸟》特种邮票，图案均采用我国著名花鸟画家田世光的原作。绚丽多彩，生动活泼，富有民族特色。

图5-1【戴胜】俗名"臭姑鸪",属鸟纲戴胜科。体长约30厘米,棕栗色。羽冠呈扇状,颇美丽。颈和胸等处色同羽冠但较浅,下背和肩羽黑褐色且有棕、白色斑,尾羽黑色,中部有白斑。以昆虫为食,其中所吃的金针虫、天牛幼虫、蝼蛄和行军虫等害虫占88%,蜘蛛占12%,为农林益鸟。喜在树洞或墙窟窿间营巢,并常独栖于田野。鸣叫时,羽冠

戴胜

高高耸起,随着由高而低的叫声,上下点头。我国各地均有分布,长江以北地区多为旅鸟和夏候鸟。邮票画面上,为一只栖息于岩石上的戴胜鸟,冠羽宽宽,长嘴尖尖,很有特点。

图5-2【家燕】属鸟纲燕科。体长约17厘米。上体蓝黑色,额和喉部棕色,前胸黑褐相间,下体其余部分带白色,尾基处有一行白色。家燕飞行速度达98米/秒。善于在飞行中急速变换方向捕捉害虫,每只家燕平均日食害虫450条,一个夏天能吃掉近百万只苍蝇、蚊子、蚜虫、虻虫、椿象等,是著名的农林益鸟。喜营巢于屋檐下。每年二三月间沿中国海岸线北上,入内地,标志着春天已经来临。白居易有诗《钱塘江春行》描写道:"几处早莺争暖树,谁家新燕啄春泥。"而到九十月间即返回南洋、印度、澳大利亚过冬。邮票画面上,为两只家燕在柳枝间雀跃啁啾,极富生活气息。

图5-3【黑枕黄鹂】又名黄莺、黄鸟、黑枕黄莺,属鸟纲黄鹂科。雄鸟羽毛金黄而有光泽,头部有通过眼周直达枕部的黑纹,翼和尾的中央黑色。雌鸟羽毛黄中带绿。幼鸟头部无黑纹,腹部却有黑色条纹,直到第三年才逐渐消失。卵为粉红色,通常每窝为四枚。主要吃枯叶蛾、松毛虫、土蝗、苹果舟型毛虫、星梨毛虫等。它在育雏的16天中,至少能吃掉1 000多条害虫,对森林、果树益处甚大。喜营巢于树梢的枝杈处,经常生活在平原和丘陵地带,极少落地。在我国台湾和海南

岛为留鸟，而在我国其他地区则为候鸟。春夏飞来我国大陆和日本，到了秋冬则迁到印度、马来西亚和斯里兰卡。其羽毛艳丽悦目，鸣叫声婉转动听，历代文人多有诗文赞颂，其中以杜甫的"两个黄鹂鸣翠柳，一行白鹭上青天"的诗句最为著名。邮票画面上，为一只振翅枝间，放声鸣唱的黑枕黄鹂，展现了其形神兼备之风采。

图5-4【大山雀】属鸟纲山雀科。体长约13厘米。头部羽毛呈蓝褐色，颊部白色。以梨象岬、青刺蛾、蝗虫、椿象和天蛾幼虫为食，尤喜食松毛虫。每对大山雀在育雏期间能消灭12 000～14 000条害虫。据我国著名鸟类学家郑作新教授对鸟胃的剖析，证明它们的食物中74%是害虫，是重要的园林益鸟。喜营巢于山区的森林中，广泛分布于全国各地。并喜群居，不怕人，在庭院中也常见。邮票画面上，为两只大山雀正在枝头上，叽叽喳喳，啄食不止，充分表现了它们的生活习性。

图5-5【斑啄木鸟】属鸟纲啄木鸟科。体长约22厘米。体羽上黑下白，羽翅黑

家燕

黑枕黄鹂

大山雀

斑啄木鸟

中带白斑，头顶有红斑，尾下复羽呈深红色。嘴强直而端尖，呈长圆锥状，舌细长能伸缩，富有黏液，舌尖端列生小刺钩。每脚有四趾，两趾向前，两趾向后，各趾均有锐爪，便于抓牢树干。尾羽呈楔形，羽轴粗硬而有弹性，可以用来支撑身体而不致下滑，并能平稳地沿着树干向上跳跃和灵活地绕树干转动，边走边用锥形长硬嘴敲击，一旦发现有虫，便会啄破树皮，用长舌钩出害虫吃掉。用此方法，每天可吃掉上百条藏在树中的害虫。它所吃的害虫主要有象岬、天牛幼虫、金龟岬、螟蛾、花椿象、蝗卵等。一对啄木鸟，可以保护十几亩的森林免遭虫害，是名副其实的森林医生。唐代诗人朱庆余特赋诗一首《啄木儿》："丁丁向晚急还稀，啄遍庭槐未肯归。终日为君除蠹害，莫嗔无事不频飞。"诗句生动地刻画出终日辛劳，为树除害的啄木鸟的形象。另外，啄木鸟在叩树找虫时，其速度极快，啄木频率达到每秒15～16次，因此其头部所受到的冲击力等于所受重力的1 000倍。科学家们正是根据啄木鸟的头部结构和防震原理，利用仿生学，设计出各种安全帽和防震盔。邮票画面上，一只啄木鸟正在树干上，聚精会神地啄树吸虫，表现出"森林大夫"的敬业精神。

小型张【杜鹃】又叫"布谷""喀咕"，因其叫声而得名。属鸟纲杜鹃科。大杜鹃大小与家鸽近似，体呈灰褐色，胸腹有细致的黑色横纹，尾羽上有一些白色

杜鹃

圆点，叫声为"喀咕喀咕"，二声一度。小杜鹃体型略小，其他与大杜鹃类似，但叫声为"咕咕喀咕"，四声一度。喜食松毛虫、舞毒蛾、蚱蜢、金龟子、大青水蛾等害虫，食量较大，每小时可吃掉害虫100多条。喜在近水的开阔林地栖息，性情孤僻，不合群，不筑巢。6月份繁殖时，把卵产在其他鸟的巢中，由别种鸟代孵喂雏，几天后孵出的小杜鹃便能独立生活。杜鹃的这种生殖现象，我国古代早已发现。《诗经·台南》说："维鹊有巢，维鸠居之。"并有"鹊巢鸠占"的成语，"鸠"即是大杜鹃的古称。杜甫诗也说：杜鹃"生子百鸟巢，百鸟不敢嗔。仍为馇其子，礼若奉至尊"。小型张邮票图外为一棵千年老银杏树，一只大杜鹃正站在树干上，不停地鸣叫。另外还有两种益鸟，一是画面左侧的两只山椒鸟，属鸟纲山椒鸟科，喜食蝗虫、天蟆、柳毒蛾、草地螟等害虫，飞行速度快，翅羽很美丽。二是画面右上方的两只鹤鸟，属鸟纲鹤亚科。一只仅14日龄的雏鸟，全天便能吃掉68条蛆。成群的鹤鸟可消灭地老虎、玉米螟虫等大面积农田害虫。整个画面呈现出莺歌燕舞、鸟语花香的美好境界，使人对益鸟更加珍爱。

集邮小知识

邮政快件封

　　邮政部门统一印制的专供寄递邮政快件用的信封，是特种信封的一种，贴有特殊签条，如"加紧信件""快递邮件""邮政快件"字样或快件签条，盖快件戳记。中国清代、民国、人民革命战争时期和中华人民共和国成立后都有邮政快件和邮政快件信封。清代1905～1911年的快信，贴有横长四联邮票，票面印有"大清邮政加紧信件"字样和壹角邮资面值。中华民国时期，为应急，在大清邮政快信邮票上加盖"中华民国"字样，临时使用。1953年停办邮政快件。1987年11月10日在北京4个城区15个邮局和全国196个大中城市重又开始兴办。1991年年底在全国基本推开。邮政快件业务开办之初(1987年11月10日至1988年12月)，是在普通信封的正面贴一专用标签表示。标签上印有编号、重量、邮资、保价金额、保价费等栏目，左上角印有"邮政快件"字样，留有盖戳处，寄信时只贴标签，不贴邮票，基础邮资50分。邮电部规定：自1989年1月1日起，交寄邮政快件必须使用专用信封。为此决定印制发行175mm×100mm的邮政快件专用信封，信封周围有棕红色断续粗细条杠，左下角印有信封、时钟长短针组成的飞雁形图案和内有"邮政快件"字样的邮政快件标志。同时将贴专用标签改为贴邮票和快件挂号标签。在统一信封供不应求的情况下，亦有只盖"快件"方戳、贴快件签条不贴邮票的情况。后来，快件挂号标签改为条形码。

扬子鳄

发行日期：1983.5.24

（T85）

2-1雄姿勃勃　　8分　　945.66万枚

2-2破壳而出　　20分　　604.96万枚

邮票规格：60 mm × 27 mm

齿孔度数：11度

整张枚数：35枚

版　　别：影雕版

设计者：任宇

雕刻者：李庆发、孙鸿年

印刷厂：北京邮票厂

扬子鳄是我国特有的珍稀动物，"鼍"是扬子鳄的古称。扬子鳄与同属的密河鳄相似，但是体型要小许多。成年扬子鳄体长很少超过2.1米，一般只有1.5米，不如非洲鳄和泰国鳄的体型那么巨大。

扬子鳄的吻短钝，属短吻鳄的一种。因为扬子鳄的外貌非常像龙，所以俗称"土龙"或"猪婆龙"。体重约为36千克。它们的头部相对较大，鳞片上具有更多颗粒状和带状纹路。

扬子鳄生活在淡水里，喜欢栖息在湖泊、沼泽的滩地或丘陵山涧长满乱草蓬蒿的潮湿地带。

这套《扬子鳄》特种邮票，设计者避开了鳄鱼那令人望而生畏的狰狞面貌，努力创造出美的形象，基本上实现了艺术性和科学性的结合，在方寸之内的有限画面里，体现出扬子鳄的生活习性和环境。殷商甲骨文中已有"鼍"字，惟妙惟肖地刻画了鳄的形象。

扬子鳄的化石曾在鲁、皖、浙、沪等地有发现。但现在只残存于扬子江下游、皖、浙交界的宣城、吴兴等地。这里位于东半球的北部，因此，扬子鳄和密河鳄同属于世界上最低等的、分布在最北部的鳄类。它们在动物生理、进化、分布等科学研究上有重要价值。由于生态环境的变化，扬子鳄数量减少，20世纪70年代末，仅存400多条，濒临灭绝，因此被列为国家一类保护动物。

1979年安徽省在宣城管家渡林场建立了扬子鳄养殖场，到20世纪90年代初便已发展到700多条扬子鳄。

1983年，国家又在这里建立了扬子鳄繁殖研究中心，在室内人工孵化繁殖成功。目前发展到7 000多条，且每年可增加幼鳄千条以上，使扬子鳄摆脱了面临灭绝的险境。

与此同时，国内外一些大学及科研机构，又迫切渴望能得到扬子鳄作为研究样本。因此，1992年3月，在日本东京召开的"濒危动植物种贸易公约国际组织成员国会议"上，我国政府向大会提交的要求将扬子鳄由一类保护动物降为二类保护动物的申请得以通过。

这样的举措，既可以禁止随意捕猎，又可将人工繁殖的鳄适量供应国内外动物园展览，满足大学和研究机构的需要。并且国家还可以节省一些因繁殖过多所需的经费，用于建设。国际组织同意降低扬子鳄的保护级别，说明在国际上已充分肯定了我国在保护珍稀动物中所取得的成果。

邮票解析

图2-1【雄姿勃勃】邮票画面上，为一条昂首挺胸、目视前方的扬子鳄。它是鳄类中最小的一种，体长约两米，也是爬行类唯一能发声的动物。它行动迟缓，性情温顺。以鱼、虾、蟹、蛙、龟、蚌、田螺及鼠类为食。它前肢五指，无蹼；后肢四趾，有蹼。既可在水中潜游，又可登陆随意爬动，并且还善于在土里打洞。每年从10月至翌年4月，它便不吃不喝，在洞中度过冬眠岁月，因此，它又有"土龙"之称。而在夏季，即使三四个月不进食，也不致饿死。扬子鳄这种缓慢的新陈代谢及坚韧的生活耐力，也许正是它能从遥远的古代孑遗下来的原因。

图2-2【破壳而出】邮票画面上，为几只小鳄钻出蛋壳，母鳄回首顾盼的情景。每年七八月份，雌鳄开始产卵，卵为白色，椭圆形，大如鹅蛋，坚如陶器。每次产卵约20个，卵产在沙滩或草堆上，借日光孵化。小鳄鱼脱壳时，先用一根极坚利的刺牙钻透卵壳，再伸出头露出全身，这时的小鳄身上有黑黄斑纹，色彩艳丽，而刺牙便脱落了。出壳后的幼鳄长得很快，每年能长一尺左右，几年后即发育成熟。

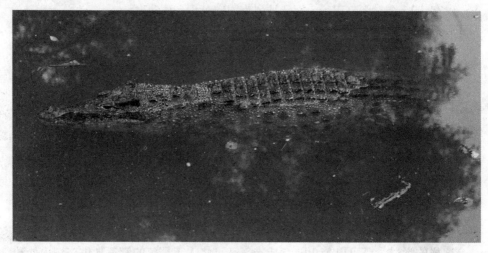

扬子鳄

天鹅

发行日期：1983.11.18

4-1

4-2

4-3

4-4

(T83)

认识邮票中的动物世界

55

4-1 嬉戏	8分	1 283.51万枚
4-2 情侣	8分	1 244.26万枚
4-3 漫游	10分	631.51万枚
4-4 飞翔	80分	337.76万枚

邮票规格：40 mm×30 mm

齿孔度数：11×11.5度

整张枚数：50枚

版　别：影写版

设计者：万维生

印刷厂：北京邮票厂

知识百花园

　　天鹅属鸟纲雁形目鸭科，既是一种纵天万里的飞鸟，也是一种浮弋碧波的游禽。现在，世界上共有五种天鹅。其中，黑天鹅仅生存于澳大利亚及附近岛屿；黑颈天鹅只分布在南美洲；另外三种为大天鹅、小天鹅和疣鼻天鹅，全身白羽，统称白天鹅，则栖息在北半球。

　　在我国，每当朔风凛冽的冬季来临，三种白天鹅便飞往长江以南各地，春天来临，它们又成群结队，北迁蒙古和我国的新疆西部及天山、青海柴达木盆地、青海湖、甘肃弱水、内蒙古乌梁素海、四川若尔盖以及东北黑龙江等地繁育后代。尤其在新疆巴音布鲁克草原上的尤勒都斯地方，每年都有数以千计的天鹅，浩浩荡荡地前来这里栖息繁殖，成为我国鸟类世界的一大胜景。

　　黑龙江作为天鹅祖先繁衍生息的地方，至今仍经常出现天鹅群集的奇观。天鹅已被定为黑龙江省的省鸟。

　　天鹅性情温顺和善，喜群栖于湖泊、沼泽地带，以食水生植物、草类、谷物为主，兼食贝类、鱼虾等。在芦苇丛中或河流、湖泊的小岛上筑巢产卵，每次产卵4~7枚，由雌鸟孵化成雏。现已被列为国家二级保护野生动物。

图4-1【嬉水】邮票画面上，为一只白天鹅中的疣鼻天鹅，正在抖动双翅，击起层层浪花，溅起团团泡沫，尽兴戏水的情景，表现了其生动活泼的一面。疣鼻天鹅以其嘴基部长有黑色疣状肉瘤而得名。又因其鸣声沙哑，亦称"哑天鹅"。嘴红色，体形略大。在我国东北、山东、河北一带繁殖的，多为此种天鹅。

图4-2【情侣】邮票画面上，为一对疣鼻天鹅，正在湖面上颌首相对，似在倾诉，又似在无言中传递着爱的心声，水面上倒映出它们相恋的倩影。既表现了这种天鹅在水中颈部弯曲呈S状的特点，也揭示了天鹅雌雄恩爱异常的天性。

图4-3【漫游】邮票画面上，为四只小天鹅，正在怡然自得，舒缓漫游之情景。小天鹅体形较小，嘴多为黑色，且较短。其泳姿正如唐代才子骆宾王儿时的习作《咏鹅》诗中所描绘："鹅、鹅、鹅，曲项向天歌。白毛浮绿水，红掌拨清波。"

图4-4【飞翔】邮票画面上，为一群大天鹅振起双翼，挺直脖颈，奋力搏击长空的情景。大天鹅体形较大，嘴为黄色，有黄嘴天鹅之别名。

天鹅

朱鹮

发行日期：1984.5.15

3-1

3-2

3-3

（T94）

3-1翔	8分	1 253.51万枚
3-2涉	8分	1 226.76万枚
3-3栖	80分	539.76万枚

邮票规格：40 mm×30 mm

齿孔度数：11×11.5度

整张枚数：50枚

版　　别：影写版

设计者：李印清

印刷厂：北京邮票厂

知识百花园

　　朱鹮，又名朱鹭、红鹤，属于鹳形目鹮亚科朱鹮属。其体态优美，约长80厘米，重1 800克左右，性情温顺，是一种美丽的中型鸟类。全身羽毛像雪一样洁白，只有翅膀下和圆尾巴的部分羽毛呈现出柔和的朱红色，腿和爪色为朱红。嘴长约有17厘米，先端微向下弯曲。双颊绯红，宛如美丽的少女，在日本被人称作"仙女鸟"。喜欢栖息在浅涧和稻田中觅食水生昆虫。多携侣和结群翱翔。朱鹮以其特有的羽色和秀雅的体态，以及起落时翩翩如舞的轻盈翔姿，为历代诗人所歌咏，早有"因风弄玉水，映日上金堤"，"朱鹭戏频藻，徘徊流涧曲"等优美诗句流传。

　　这套《朱鹮》特种邮票，反映了它们生活全过程中的三个主要运动方式。

邮票解析

图3-1【翔】邮票画面上为一只朱鹮，正鼓起双翼，在蓝天里翱翔的情景。

图3-2【涉】邮票画面上为一只朱鹮，正安静地涉足于澄澈池水中的情景。

图3-3【栖】邮票画面上为一对朱鹮情侣，正在相对"交谈"的情景。

熊猫

（T106）

4-1嬉戏	8分	1 579.26万枚
4-2攀登	20分	1 604.26万枚
4-3天趣	50分	1 624.66万枚
4-4小伙伴	80分	1 549.26万枚
小型张　拯危继绝	3元	1 266.83万枚

（T106 小型张）

邮票规格：（1、3图）31 mm×38.5 mm；（2、4图）38.5 mm×31 mm

小型张规格：74 mm×80 mm，其中邮票尺寸：40 mm×60 mm

齿孔度数：11.5度；（M）11×11.5度

整张枚数：50枚

版　　别：影写版

设计者：邓锡清

印刷厂：北京邮票厂

知识百花园

　　世界野生生物基金会于1961年11月成立。在这次会议上，英国生物学家彼得·斯科特提出以中国大熊猫作为该会会徽的提案，获得一致通过。自此以后，世界野生生物基金会会员国的动物园中，在有灭绝危险的珍稀动物笼前都要悬挂以熊猫为图案的徽志。在发行有关珍稀濒危的动物邮票时，向该会申请登记备案后，可在邮票上加印大熊猫会徽标志（WWF）。1969年法国发行了世界上第一枚带有熊猫徽志的邮票。目前，世界上已有数十个国家发行了印有"WWF"字样的邮票。中国大熊猫作为世界公认的最珍稀动物，已成为许多国家邮票的题材。1964年5月苏联为纪念"莫斯科动物园建立100周年"，发行过一套熊猫邮票。以后，朝鲜、蒙古、日本、老挝、不丹、匈牙利、荷兰、古巴、尼加拉瓜、瑞典、马绍尔群岛、赤道几内亚、民主德国、莱索托、马尔代夫、诺福克岛等国家都发行过以熊猫为主图的邮票。

这套《熊猫》特种邮票，四枚邮票图案原稿为我国著名画家韩美林所画。小型张为我国著名画家吴作人先生所创作。

邮票解析

图4-1【嬉戏】邮票画面为一只憨态可掬的熊猫，手抱竹枝，在玩耍中显出可爱、顽皮、天真的个性。

图4-2【攀登】邮票画面为一只熊猫紧抱一棵新竹，面带自信和坚定的神情，努力向上攀登。

图4-3【天趣】邮票画面为一只熊猫把一片鲜嫩的竹叶放在嘴里细细品味，表现了熊猫的生活情趣。

图4-4【小伙伴】邮票画面为一对熊猫并排而坐，相对而视，似在窃窃私语的情景，表现了熊猫的幽默温顺。

小型张【拯危继绝】画面左下角为一只熊猫正在进食，另一只蹒跚走来。右上角为一片竹林，与小型张边纸上的山石竹林相融汇，构成了熊猫的生存环境。上题"拯危继绝"四字，表达了对大熊猫的关注和珍爱。

白鹤

发行日期：1986.5.22

（T110）

（T110 小型张）

3-1白鹤	8分	1 451.90万枚
3-2白鹤	10分	1 824.65万枚
3-3白鹤	70分	1 232.65万枚
小型张 白鹤	2元	508.82万枚

邮票规格：（1图）40 mm×30 mm；（2、3图）30 mm×40 mm

小型张规格：160 mm×54 mm，其中邮票尺寸：120 mm×30 mm

齿孔度数：（1、M图）11×11.5度；（2、3图）11.5×11度

整张枚数：50枚

版　别：影写版

设计者：黄永玉

印刷厂：北京邮票厂

知识百花园

　　白鹤是我国的珍贵鸟类，也是我国的一级保护动物。自1980年冬季，中国科学院动物研究所鹤类专家们在江西鄱阳湖一带发现过冬白鹤以来，1981年冬发现100多只，1982年冬又发现200多只，1983年7月建立了候鸟保护区。从此，面积33万亩的鄱阳湖地区已无枪声，因此珍禽云集，前来越冬。1984年2月15日下午，我国鸟类工作者在此又发现了正在集结的白鹤群，有840多只。1985年来这里越冬的候鸟约有10万多只，其中白鹤总数达1 784只，是当时世界上最大的越冬白鹤群。近年来，随着人们保护意识的增强，爱鸟活动的发展，鄱阳湖候鸟保护区更出现了"鄱阳鸟，知多少？飞时遮尽云和日，落时不见湖边草"的壮观场面。白鹤已得到繁衍。

　　这套《白鹤》特种邮票的发行，目的是动员民众加强对这种珍贵鸟类的保护。

邮票解析

图3-1【白鹤】邮票画面为一对白鹤情侣卿卿我我、相恋相依之情景。

图3-2【白鹤】邮票画面为一只独自向远处飞翔的白鹤。

图3-3【白鹤】邮票画面为四只伸长脖子张望四方的白鹤，通过眼神的夸张，

白鹤1

白鹤2

白鹤3

表现了白鹤的机警。

小型张【白鹤】邮票画面为11只长途迁徙的白鹤群，正飞向那向往的地方。小型张图案下方，印有"中国科学院1980年考察发现，鄱阳湖是白鹤越冬的主要栖息地"的字样记录下了我国科学工作者这次不寻常的发现。

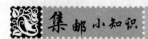

凭纸张鉴别邮票

集邮活动中最忌讳的是触摸邮票，这也给了假票兜售者以可乘之机。

我国的邮票用纸是国家邮政部门定点生产厂家专门生产的。它是根据邮票印制工艺的要求及邮票本身的特性而制作的，其纸张物理指标及表面外观要求都较为特殊。这些专用的"涂料邮票纸"，统称为邮票纸。由于"涂料邮票纸"不同于社会上所用的胶版纸、铜版纸，所以社会上出现的假票与真票在色泽上会产生差异。要科学地检测纸张，化验纸张的酸碱成分，借助纸张克度仪、拉力器、正反检测仪等对纸浆的形状结构、质地、正反面的纹路、纸张的色泽、厚薄、重量(克)、韧性与弹力等标准进行综合测定。但是这是集邮者难以办到的。因此，往往需要仅凭视觉来鉴别邮票纸张。

从纸张表面外观上可以观察到"涂料邮票纸"同胶版纸、铜版纸有着明显的不同之处。只要我们对假票进行仔细的观察，就能辨别赝品。

例如，20世纪80年代初曾出现假"大龙邮票"，该原票共发行三期：一期为"薄纸大龙"，用半透明薄纸印刷，纸质薄而有韧性；二期"阔边大龙"中5分银面值的用薄型书写纸印刷，易于脆裂；三期"厚纸大龙"纸质较厚而不透明，因有背胶，邮票略呈卷状。而假造的大龙邮票，纸质是现代的铜版纸，色发白发亮，与100多年前原票纸质相比有明显的差别。经鉴定，假票是用杂志上印的邮票图案手工伪造而成的。另外，"稿"字四方连邮票，也曾被人用同样的手段伪造，原票印在使用过的电报纸背面，而假票是铜版纸。

猛禽

发行日期：1987.3.20

（T114）

| 4-1鸢 | 8分 | 1 627.85万枚 |
| 4-2虎头海雕 | 8分 | 1 657.35万枚 |

认识邮票中的动物世界

4-3秃鹫　　　10分　　　1 311.15万枚

4-4大鵟　　　90分　　　625.75万枚

邮票规格：（1、4图）52 mm×31 mm；（2、3图）31 mm×52 mm

齿孔度数：11.5度

整张枚数：40枚

版　别：影写版

设计者：万一、程传理

印刷厂：北京邮票厂

知识百花园

　　在动物分类学上，把白天活动的鹰隼和夜间活动的鸮统称为猛禽。这两大类鸟分布在世界各地，约有400多种，其中我国有82种，占全世界猛禽总数的1/5。

邮票解析

　　图4-1【鸢】俗称老鹰，是猛禽中鹰隼类的典型代表。分布最广，遍布全国各地，常在田间捕食大量的鼠类、蝗虫，有益于农林牧业。同时，也嗜食各种爬行动物、蠕虫、鸟兽的尸体及残屑。

　　图4-2【虎头海雕】海雕中较大而最凶猛的一种。体重约五千克，体长有一米，双翼展开有两米多。嘴甲强厚，脚爪锐利而粗大，全身黑褐色，肩、腿和尾羽毛色洁白如雪。它主要栖息在近海岸的河流、湖泊等处，有时也飞至山地和

虎头海雕

秃鹫

林间。主要以鱼类为食，也食大型鸟类或兔、狐及海豹的幼仔等。

图4-3【秃鹫】又名坐山雕。长相丑陋，体形硕大，重6～8千克，体长1～2米，双翅展开超过三米。体羽黑褐色，颌部羽淡褐而近白色。头披绒羽，颈后有部分裸秃。栖息于高山，经年留居在我国青藏高原及新疆、甘肃等地，我国东北及南方沿海各省也有发现。

图4-4【大鵟】主要栖息在山地及草原地带，在我国终年留居于东北北部、西北和青藏高原一带。飞行迅速，行动敏捷，目光锐利。常停立在地面、山丘顶或树枝上。嗜食田间害鼠等啮齿动物，也食鸟类、野兔、昆虫等。

麋鹿

发行日期：1988.12.20

2-1　　　　　2-2　　　　　2-1无齿孔　　　2-2无齿孔

（T132）

2-1麋鹿	8分	1 877.4万枚
2-2麋鹿群	40分	976.9万枚
2-1麋鹿（无齿孔）	8分（售价12分）	744.4万枚
2-2麋鹿群（无齿孔）	40分（售价12分）	744.4万枚

邮票规格：30 mm×40 mm

齿孔度数：11.5×11度；无齿孔

整张枚数：50枚

版　　别：影写版

设计者：许彦博

印刷厂：北京邮票厂

麋鹿，"角似鹿，颈似驼，尾似驴，蹄似牛"，因此俗称"四不像"，哺乳纲偶蹄目鹿科，原是我国著名的特产动物。其身高可达2米，肩高1.2米，体重250千克。体毛淡棕黄色，胸、腹下毛色淡，尾较长而多毛，蹄宽大。

雄性麋鹿一周岁长角，两岁分叉，每年脱角一次，六岁发育成熟。角上端分成两枝，一前一后，每枝又分两叉，每叉再分若干小叉，这在鹿类的角形中是独一无二的。雄麋六七岁鸣叫，叫声似驴。

麋鹿胆子很小，见人躲躲闪闪。但其发情交配期多在夏季，此时雄麋性情凶猛暴烈，相互角斗争偶。雌麋孕期约九个半月，每胎一仔。幼仔体毛橘红色，上缀有白斑点，生后两个月白斑消失。它喜欢沼泽环境，取食枝叶、草类和水中植物。

自然界的野生麋鹿已经灭绝。爱国诗人屈原曾写道："麋何食兮庭中，蛟何为兮水裔？"可见，战国时代麋鹿和蛟龙一样珍贵。但具体的灭绝年代尚待考证。古生物学家从发掘出土的麋鹿化石和亚化石中，证实了它起源于我国北方，到更新世晚期，麋鹿种群最为繁盛，分布很广，几乎遍及中国的东部地区。

在安阳殷墟遗址和上海马桥泽新石器时代人类遗址中，都发现不少它的角和残骸碎片。由于人类的大量捕杀，垦殖耕地和自然环境的变更，麋鹿的生存圈逐步缩小，最后集中到江苏海陵（海陵为古地名，包括盐城以南，长江以北，江都以东直到黄海这一区域），致使它们在数百年前或一两千年前就在该区域内大半灭绝了。但幸运的是，在灭绝之前，海陵的野生麋鹿被一批批地运送到北京南海子皇家鹿苑中，进行人工饲养，以专供帝王皇族围猎取乐。此举竟拯救了麋鹿种群，使它免于在人类的地球上灭种。

到19世纪末清光绪年间，尚存麋鹿120多头。1865年，居住北京的法国传教士大卫神父，偶然在南苑墙外窥到了这种在世界其他地方均未见过的鹿种，私下贿赂猎苑的看守人员，弄到两个标本送到巴黎，经博物馆鉴定，确系一个新品种，并以大卫神父的名字命名为"大卫鹿"。这个发现很快就轰动了欧洲各国，英、法、德、比的驻清使节、教会人士、商人等，通过各种明索暗盗手段，陆续从南海子搞到几十只麋鹿运回国内，中国的麋鹿从此名扬四海。

英国的第11世贝福特公爵，在1884年至1901年间，从各地搜集到18头麋鹿，放养在他的大庄园乌邦寺内。到1914年，这群麋鹿已繁殖到72头，1944年发展到250头。

第十二世公爵在第二次世界大战期间，感到这些麋鹿仅保存在一处是危险的，于是他把种群分散到世界各国。据统计已有25个国家的119个地方在饲养麋鹿，其总数已超过1 100头了。

然而，我国南海子鹿苑中的鹿群却连遭厄运，先是1894年北京永定河泛滥，冲垮了鹿苑的一段围墙，麋鹿逃散不少。接着的1900年八国联军进北京，烧杀抢掠，鹿群亦被杀尽吃光或运走，我国的麋鹿全部覆灭。

新中国成立后，我国一些动物园里饲养着为数不多的麋鹿，均是从英国或其他国家运回繁殖的。特别是1986年8月，国家林业部和国际野生生物基金会联合在江苏盐城市大丰市建立了麋鹿自然保护区，占地1.5万亩，已有近百头野生放养的麋鹿在那里栖息繁殖。

邮票解析

图2-1【麋鹿】邮票画面上为一个雄性麋鹿的头部特写。

图2-2【麋鹿群】邮票画面上为一头公鹿挺身而出，挡在前面，沉着地静观前方。而后面的4头母鹿和夹在中间的那头小鹿，也屏住呼吸，聚精会神地关注着前方，生动地再现了它们群居生活的习性。

集邮小知识

独虎邮票

黑旗军的组织者、严军抗法的首领刘永福，是闻名中外的爱国将领。1895年刘永福驻守在台湾台南期间，日军攻陷台北，继续南下，台南吃紧，财政不支。为了坚持抗日，刘永福通过海关规定的特殊方式，于当年7月31日，在台南安平海关创设了邮政局，以增加财政收入。该邮政局设有两枚洋文地名邮戳，发行了三次(版)三种面值的邮票。由于所发行的邮票的图案是溪流虎啸，票面中央是一只老虎，呈吼啸的样子，好像是在山顶上虎视山谷的溪流。因此，称这套邮票为"独虎邮票"，称这一时期的邮政为"独虎邮政"。

褐马鸡

发行日期：1989.2.21

（T134）

| 2-1英姿 | 8分 | 2 537.0万枚 |
| 2-2双栖 | 50分 | 1 568.4万枚 |

邮票规格：52 mm×31 mm

齿孔度数：11.5度

整张枚数：40枚

版　别：影写版

设计者：万一

印刷厂：北京邮票厂

知识百花园

褐马鸡是世界珍禽，也是我国特有鸟类之一。产于河北省的西北部和山西省的北部，分布区域狭窄，数量不多，已被列为我国第一类国家级重点保护野生动物。同时引起国际动物学界的瞩目，世界雉类协会的会徽图案上，就有我国褐马鸡的形象。濒危野生动物物种国际贸易公约(即IUCN组织)也将褐马鸡列为一类国际保护动物。

褐马鸡为鸟纲鸡形目雉科。雄鸟体长约一米，雌鸟略小；体重一般在2～3千克。它们的体表大多呈褐色，头和颈为黑褐色，腰和尾为银白色，头的两颊呈红色绒状颜面，耳后有一簇白色羽毛向头后伸出，犹如两只犄角，好像两只竖起的耳朵，故又称为"角鸡""耳鸡"。它的尾巴高高翘起，尤其是中央两对尾羽又长又大，羽支纷离披散下垂，形如蓬松的马尾巴，所以又叫它"马鸡"。它们常年生活在海拔1 000～2 000米的针阔混交林和稠密的灌木丛中。寒风凛冽的严冬，它们成群结队地转移到坡地、沟谷地岸，夜间宿在松树或桦树枝杈上；春夏时则成双成对地迁往较高的山林中栖息，用强有力的硬嘴甲来刨掘啄食地里的块茎、细根、嫩芽及蛴螬等昆虫，也拣食松子、橡子等植物果实。褐马鸡善疾走，不善远走。清晨，常卧在树枝上。春末是褐马鸡的繁殖期，此时它们的体羽丰满而黝亮，颜面变成眩目的鲜红色。雌鸡每巢产卵9～14枚，最多可达20枚。经过20多天的孵化，小雏鸡便破壳而出，当天便可随双亲觅食活动。19世纪和20世纪初，褐马鸡曾大量出口到欧美各国，主要是欧美的一些贵妇人用褐马鸡的尾羽装饰帽子，既美观又高贵，而这导致这一珍贵鸟类濒临灭绝的厄运。新中国成立后，我国政府明文禁猎，进行重点保护，在山西交城横尖的庞泉沟和宁武芦芽山以及河北张家口蔚县的小五台山，都建立了褐马鸡自然保护区，使这一世界稀有珍禽在这里安闲栖息，繁衍昌盛。

为迎接在我国召开的"第四届国际雉类学术讨论会"，邮电部发行这套"褐马鸡"特种邮票，以示祝贺和纪念。

邮票解析

图2-1【英姿】画面为褐马鸡头部的特写形象，背景是三只在远处觅食的褐马鸡，借以深入表现它们的群居习惯。

图2-2【双栖】画面为一对褐马鸡在草丛中，悠然栖息的情景。

雪豹

发行日期：1990.7.20

（T153）

2-1卧豹　　　8分　　　2 130.05万枚
2-2立豹　　　50分　　　1 922.85万枚

邮票规格：40 mm×30 mm
齿孔度数：11.5度
整张枚数：40枚
版　别：影写版
设计者：许彦博
印刷厂：北京邮票厂

知识百花园

雪豹是豹属中最为稀贵的一种，是我国著名的珍稀动物，已被列为国家一级保护动物。雪豹为哺乳纲食肉目猫科中的一种大型兽。体似金钱豹而略小，重30～50千克，体长1.2米左右，四肢较短，尾粗，蓬松肥大几近体长，全身呈灰白色，体上布满了黑色的斑点和环圈，有的环纹如植物的叶，故俗称"艾叶豹"。

雪豹为高原地区的岩栖性动物，常栖于海拔2 500～3 000米的高山上，夏季可在海拔6 000米的高山上觅到它的踪迹，到了冬季多随着食物的变迁而下移。在有些地区它们也常年生活在海拔1 000米左右的环境中，由于它常年在高山雪线附近和冰雪地带活动，故名"雪豹"。在全身的长毛之下还生长着浓密的底绒，能够抵御凛冽的风雪严寒，足垫间的丛毛既可以在冰雪地上防寒抗冻，当夏季酷暑阳光照射在岩石上，又可以隔热阻挡灼烫。

雪豹属夜行性动物，在黄昏和黎明时活动较频繁，白天也偶尔出来活动。上山下山均有一定路线，经常沿着踩出来的小径行走，它不愿走旷阔的山坡和松软的雪层，也不愿钻进灌木丛中，而是喜走山脊和溪谷。

除了发情期和育仔外，雪豹一般都是独往独来。它有较固定的巢穴，常设在岩石间或乱石凹处，白天就在巢穴中休息、睡眠。由于久在巢穴中爬卧，身上脱落下的毛在穴底滚成片片毛层，形成毡状，使巢内非常温暖。

雪豹所猎取的食物以北山羊、岩羊和盘羊等高原动物为主，也猎食兔、旱獭、鼠类、雪鸡、马鸡和虹雉等。每当食物缺少时，则潜至村舍或牧场附近盗食家畜、家禽，非常饥饿时，还敢袭击牛、马等大家畜。

雪豹性情凶猛而机智，嗅觉、听觉都较敏锐，行动隐缓而灵巧。它善于跳跃，五米左右的宽沟能一跃而过，从平地上可纵跃到两三米高的岩石上。雪豹在猎食时，往往采取伏击或偷袭的方法，由于它身上的花纹色彩与裸岩块斑相似，野羊难以发现它，待野羊走近到一定距离，雪豹突然跃起，以其矫健灵活的躯体和有力的前肢扑倒猎物。

雪豹的配偶期多在冬末1～3月份，此时食欲大减，经常嘶叫着相互寻找。配偶期每次持续5～7天，妊娠期100天左右，产仔在4～6月份，每胎3～5仔。两个月后幼仔跟随母兽到处活动，三四个月后与母兽一起参加扑食，到了2～3岁即可寻偶，寿命10余年。

雪豹仅分布在亚洲中部的高原地带，即喜马拉雅山以北昆仑山、天山、阿尔泰山、帕米尔高原等地。我国的青藏高原、新疆、甘肃、内蒙古等地是雪豹的主要产地。蒙古、印度、阿富汗、不丹、巴基斯坦等国及中亚各国也有出产。

雪豹在自然界中数量稀少，不易捕捉到活兽。它在饲养条件下生存的时间都较短，往往饲养一两年便患病死去。世界上为数不多的几家大动物园饲养雪豹，但成活率极低，繁殖困难，因此它是一种珍贵的动物。芬兰不产雪豹，但赫尔辛基动物园曾因成功地繁殖了雪豹而闻名于世。

近年来国际动物学界对雪豹这种珍兽十分关切，曾派专家到中国进行考察研究。我国政府也非常重视保护雪豹，不仅严禁猎杀，而且还在新疆的塔什库尔干县境内建立了雪豹自然保护区。我国青海西宁动物园也成功地对雪豹进行了繁殖。

邮票解析

图2-1【卧豹】邮票画面上，为一只静卧在暗灰色岩石上的雪豹。灰白体色和纯白的腹部，是为适应冰山雪原生活环境的保护色，尤其是那条沿石块拖曳下垂的又长又粗又显得柔软的大尾巴，更体现出这种珍兽之体态特征。

图2-2【立豹】邮票画面上，为一只站立起来的在寸草不生的积雪山岩上向前迈进的雪豹，正在觅食。身后的远山上，有一只野羊正在张望，这是雪豹喜食的美味。雪豹粗壮的四肢及虎视眈眈的神情，都表明它是高山雪原上的兽中之王。

集邮小知识

邮票的附票与连票

附票和正票相连，但没有面值，也无国家邮政标志。它的作用是用文字或图案与正票一起表达一个完整的概念。它是从属于正票的，不能把它与正票撕开。如果分离，正票可以做邮资使用，附票没有面值，不能当邮票贴用。附票通常是为补充或说明正票的内容而设计的，单独存在就失去原有的作用。

连票是两枚以上邮票连在一起，各枚之间用齿孔分开，也有的不打齿孔，以粗线条划分。这种设计形式是把图案、刷色、面值不同的邮票印在一起，构成统一的体系。连票每枚都有面值，是连在一起发行的，收藏时不撕开。

野羊

发行日期：1991.5.10

(T161)

4-1高鼻羚羊	20分	2 597.3万枚
4-2扭角羚	20分	2 491.7万枚
4-3盘羊	50分	1 860.1万枚
4-4北山羊	2元	2 174.9万枚

邮票规格：40 mm×30 mm

齿孔度数：11×11.5度

整张枚数：40枚

版　别：影写版

设计者：殷会利

印刷厂：北京邮票厂

　　野羊在我国约有16种，均为国家重点保护动物，也是世界上著名的珍贵动物。为了宣传我国丰富的动物资源，唤起人们保护珍稀濒危动物意识，邮电部发行了这套《野羊》特种邮票。所选四种野羊均属偶蹄目羊亚科。

邮票解析

　　图4-1【高鼻羚羊】又名"赛加羚羊"。其体型大小介于山羊和绵羊之间，雄羊较大，体重约50千克。头型较为特殊，耳郭短小，眼眶突出，尤其是有一个略呈管状而下垂的长鼻子，鼻孔位于管的下端，且能移动。由于其整个鼻部呈肿胀状隆

高鼻羚羊

起，故称"高鼻羚羊"或"大鼻羚羊""猪鼻羚羊"。

图4-2【扭角羚】雌雄均有角，并由前向后扭着，故得此名。又因其外形像牛，所以也称"牛羚"或"羚牛"。它粗壮高大，身长可达1.8米，肩高1.4米，体重300千克左右，是羊类中体型最大的类群。扭角羚主要分布在我国的西藏、云南、四川、甘肃和陕西等省区，国外见于不丹、印度和缅甸。它们栖息于高山针阔混交林或针叶林中，随季节变化而略有迁徙。扭角羚是我国一级保护动物，陕西柞水县建有自然保护区。

图4-3【盘羊】也叫野绵羊，因其头上的双角特别雄壮、长大，所以又称"大头羊"或"大角羊"。盘羊有七八个亚种，分布在亚、欧和北美三洲，在我国境内的西藏、新疆、四川、甘肃、青海和内蒙古等省区的高山裸岩地带，均有盘羊活动。我国现已将盘羊列为二级保护动物，在濒危物种国际贸易公约中，把西藏盘羊列为国际一类保护动物。

图4-4【北山羊】又名野山羊、羱羊、悬羊，分布较广，自亚洲中部，经非洲直到欧洲都有。我国主要产在新疆境内，栖于海拔4 000米以上的高山，常结成十多头的小群活动，有时也集结成上百头的大群，由一头雄性老羊率领。我国已将北山羊列为一级重点保护动物。

扭角羚

盘羊

北山羊

新中国的错版票

错版票是指邮票设计上有错误的邮票，这些错误包括图案上的、文字上的和内容上的等。

集邮者对错版票的理解是，这类邮票必须是经邮电部正式发行的。至于发行后再停售或回收，与错版票的性质无关。错版票由于流传量一般较少，因此比较珍罕。国外有些错版票明知设计有问题而将错就错，继续发行或修改后正、错票同时并存，其错版性质不变，只是不那么珍罕而已。

新中国的著名错版票有：纪20a《伟大的苏联十月革命三十五周年纪念》、纪54a《第五届世界学生代表大会》、特15－3a《首都名胜》第三图"天安门天空光芒四射"、"文"字票《全国山河一片红》等。纪念邮资明信片JP22a《香港中银大厦落成纪念》也属此类。

需要说明的是，错版票与错体票(即变体票)是不同的概念，不要混淆。另外，一些"文革"时期的未发行票，虽可能也有错，但不列入错版票范畴。

鹳（T）

发行日期：1992.2.20

（1992-2）

2-1黑鹳　　　20分　　　　5 043.2万枚

2-2白鹳　　　1.60元　　　2 571.7万枚

邮票规格：31 mm×52 mm

齿孔度数：11.5度

整张枚数：40枚

版　别：影写版

设计者：殷会利

印刷厂：北京邮票厂

印刷厂：北京邮票厂

知识百花园

鹳属鸟纲鹳形目鹳科，是一种体态优雅的大中型涉禽。喙大而长，翼长而尾圆短，飞翔轻快，常常活动于溪流旁或沼泽地带，它们夜宿高树，喜吃鱼、蛇、蛙等软体动物和甲虫类。目前，全世界约有16种，有白鹳、黑鹳、凹嘴鹳、鲸头鹳、裸鼻鹳、非洲秃鹳、蓬那红鹳、大红鹳、白头鹦鹳、黄嘴鹗鹳等。鹳大多产于非洲、欧洲，亚洲也有分布。我国有四种，以白鹳和黑鹳较为常见。近年来，由于它们的生存条件遭到破坏，使得自然种群数量日趋减少，成为世界濒危鸟类，已被我国列为一级保护动物。

为广泛宣传对鹳的保护，邮电部发行了这套邮票。两枚画面均采用竖式大型票幅，有利于表现鹳修长的体态。

邮票解析

图2-1【黑鹳】又叫"鸟鹳""锅鹳"。它略小于白鹳，体长约一米。上体羽毛为黑色，并带有紫绿色的金属光泽，胸下及腹部为白色。黑鹳亦产于欧亚大陆，生活习性与白鹳基本相同，在我国分布较广，夏天在北方各省都可以见到它

黑鹳1

黑鹳2

认识邮票中的动物世界

们，冬天则飞到南方去越冬。黑鹳的集群比白鹳略大，喜欢在沼泽和湿地间觅食，还常到山间小溪间活动。飞行状态与白鹳相同，但较轻快。在东北、华北一带的黑鹳，常筑巢于山区的岩隙悬崖间。而新疆的黑鹳，则在塔里木河流域的胡杨树上筑巢。黑鹳的繁殖地远离人舍，人为干扰较少，但育雏时会遭到猛禽的侵袭。近年来，人们发现黑鹳种群数量比白鹳多，但仍需加强保护，使这一珍贵动物数量在我国日益增长。

图2-2【白鹳】也叫"老鹳"，体形硕大，长约1.2米，嘴和腿都很长。全身羽毛为白色，唯两翅边缘的羽毛为黑色，其双腿和脚

白鹳1

白鹳2

为暗红色。欧洲白鹳的嘴为红色，而亚洲东部白鹳的嘴为黑色。它产于欧亚大陆，属于候鸟。夏季，我国白鹳的繁殖地有两处，一处在东北，另一处在新疆西部。深秋或初冬，东北的白鹳经河北、山西、河南等地飞到长江中下游，有的南飞至福建、广东和台湾等省越冬。新疆的白鹳则迁徙到印度、尼泊尔等国的温暖地域越冬。白鹳常结成20只左右的小群，在开阔的湿地、稀树草原、沼泽、稻田和灌溉地带活动，这些地区不仅少有敌害侵袭，还可提供丰富的食物。其主要食物包括鱼类、蛙蟾等两栖类、甲壳动物和蠕虫等，也猎食小型的毒蛇和各种田鼠，还嗜吃蝗虫。我国白鹳的数量正在减少，过去分布的地区现已很难见到它们，所以强化有效保护手段迫在眉睫。

集邮小知识

编年邮票

当前我国发行的纪念邮票和特种邮票被统称为年份编号邮票，也称编年邮票，因为这些邮票的底边印有一行小字，左侧开始的部分是发行邮票的年份。年份后面是一条短划线，再后面的数字表示当年纪念邮票和特种邮票合并编排的顺序，也叫套号。邮票底边右侧的拼音字母"J"表示纪念邮票，拼音字母"T"表示特种邮票。编年邮票底边的小字，是我国邮票第四种形式的志号，1992年开始采用，当年发行的第一套邮票正好是我国第二轮生肖邮票的第一套。1980年以后开始集邮的爱好者人数众多，他们往往因为没有收集到第一轮生肖邮票的大全套而颇为遗憾。那么从1992年开始坚持收集，或者以1992年开始发行的邮票作为收集对象，相对来说，难度较小，而且又能收集得到全部的第二轮生肖邮票，在一个限定的范围内自成体系。邮票发行当局顺应这一态势，从1992年开始发行编年邮票。与此同时，我国邮票上表示发行单位的"铭记"进行了重大变革，开始采用简化了的"中国邮政"4字作为汉字铭记，加用以罗马字体表现的英文CHINA作为国际通用的铭记。从1992到1997年底，编年邮票总共发行了140套、458种，其中包括《黄山》之外的小型张和小全张共26种。

近海养殖（T）

发行日期：1992.4.15

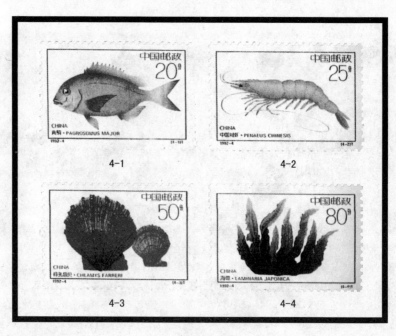

（1992-4）

4-1真鲷	20分	4 031.2万枚
4-2中国对虾	25分	2 929.2万枚
4-3栉孔扇贝	50分	2 637.2万枚
4-4海带	80分	2 609.7万枚

邮票规格：40 mm×27 mm

齿孔度数：11度

整张枚数：50枚

版　　别：影写版

设计者：王虎鸣

印刷厂：北京邮票厂

为反映我国近海养殖业的崭新面貌和繁荣景象，邮电部发行了这套特种邮票。全套四枚，分别选取鱼、虾、贝、藻四大种类作为票图。

邮票解析

图4-1【真鲷】俗称"加吉鱼"，外形呈长椭圆形，体侧扁而高，头大，前端稍尖；体表淡红色，在体侧背部散布着若干鲜艳的蓝色小点。体长一般为120～280毫米。属近海暖水性底层鱼类，常栖息在岩礁、沙砾、藻类丛生的海区，尤喜在海底凹洼处停留。我国南北沿海均有分布。

图4-2【中国对虾】俗称"东方对虾""明虾"，属节肢动物。体长而侧扁，全体分为20节或21节，即头部5节或6节(胚胎期)、胸部8节、腹部7节。有5对步足、5对游泳肢和1尾扇。中国对虾是中国海的特有品种，北自鸭绿江口，南至广东沿海均有分布，主产于黄海和渤海。

图4-3【栉孔扇贝】俗称"海扇""干贝蛤"，属软体动物。贝壳一般为紫褐色、淡褐色、黄褐色或灰白色。壳顶前后有耳，其中前耳腹面有一凹陷，形成一个小孔，即"栉孔"。在我国，栉孔扇贝主要分布于辽东半岛和山东半岛。

图4-4【海带】又名"昆布"，俗名"江白菜"。藻体为棕褐色带状，一般长2～4米，宽20～30厘米，由固着器、茎、叶三部分组成。其生长发育与光照、水温、营养条件、流水条件等环境因素有着密切关系。海带营养价值丰富，是一种优良的特殊蔬菜，它除含有一般蔬菜的营养价值外，还含有一般蔬菜所缺少的碘。其药用价值也很高，可以预防和治疗因缺碘而引起的甲状腺肿大病。

昆虫（T）

发行日期：1992.6.28

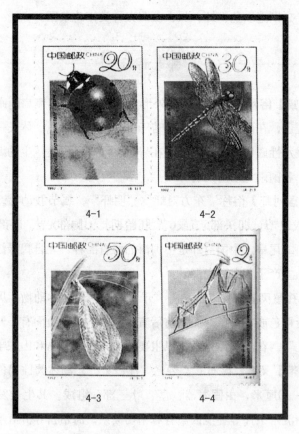

4-1　　　　　4-2

4-3　　　　　4-4

（1992-7）

4-1七星瓢虫	20分	4 062.7万枚
4-2半黄赤蜻	30分	4 159.2万枚

4-3大草蛉	50分	4 239.7万枚
4-4中华大刀螳	2元	4 447.2万枚

邮票规格：30 mm×40 mm

齿孔度数：12度

整张枚数：50枚

版　　别：胶版

设计者：殷会利

印刷厂：北京邮票厂

知识百花园

目前世界上的昆虫约有100万种以上，它们与人类的生活有着密切的关系。其中的有害昆虫蚕食农作物及其果实和森林，能使家畜、家禽和野生动物感染疾病，破坏自然生态环境，咬坏家具、食品和衣物，使建筑物和木材腐朽，影响和干扰人类的正常生活。而有益昆虫则成为害虫的天敌，在默默又无情地吞食它们的成虫或虫卵，帮助人类消灭害虫，减轻和杜绝受害程度，是人类的朋友。因此，昆虫学的研究对国计民生有着重要作用。

1992年第19届国际昆虫学大会在北京召开，我国邮电部特发行《昆虫》特种邮票，以瓢虫、蜻蜓、草蛉和螳螂作图案，这四种昆虫都是我国闻名的捕食天敌昆虫。

邮票解析

图4-1【七星瓢虫】属鞘翅目瓢科。本科昆虫在世界上约有5 000种，我国记载有320种，绝大部分是益虫。它们都是小型的甲虫，背面呈半球形拱起，有鲜艳的色彩和美丽的纹点，受到惊吓装死时，附肢都紧缩在盖状的硬鞘翅下，故被称为"花盖虫"。邮票画面上的七星瓢虫又叫"七星瓢虫"，身体比黄豆稍大，鞘翅呈黄色或红色，上面缀有七个黑色斑点，我国各地几乎都有分布。主要捕食桃粉蚜、玫瑰蚜、松蚜、毛白杨花蚜，还吃叶螨、桑褐翅蛾的卵及幼虫，也食介壳虫、粉虱

和木虱等小害虫，是我国北方小麦、棉花、花生等作物上蚜虫的主要大敌。

图4-2【半黄赤蜻】属蜻蜓目蜻科，全目有4 000多种，我国已知的有300种，它们都是捕杀害虫的能手。邮票画面上的半黄赤蜻，仅见于我国福建、广西和江西三省。

图4-3【大草蛉】属脉翅目草蛉科。草蛉类昆虫种类繁多，全世界约有5 000种，我国有200种，大多为陆生。邮票画面上的大草蛉分布在我国大部分地区，日本、朝鲜和欧洲各地也有。大草蛉呈草绿色，两只复眼闪闪发光，金碧辉煌；前后翅透明无色，善于飞翔，常栖于植物上；食大量的虫类，如蚜虫、介壳虫、红蜘蛛，以及叶蝉、粉虱、木虱及鳞翅目幼虫及卵，有的还吃蝼蛄、金龟子等。

图4-4【中华大刀螳】亦称"螳螂""刀螂"，属螳螂目螳螂科。全世界有1 800种，我国有55种以上。邮票画面上的中华大刀螳在我国沿海各省及皖、川、陕、豫有分布，国外见于日本、美国和越南。螳螂的姿态既端庄，又威严，常将长臂高举在胸前如祈祷状，故西方古代学者称它为"祈祷者"。

螳螂

野骆驼 （T）

发行日期：1993.2.20

（1993-3）

2-1野骆驼	20分	6 073.75万枚
2-2野骆驼	1.60元	5 380.25万枚

邮票规格：40 mm×30 mm

齿孔度数：12度

整张枚数：50枚

版　别：胶版

设计者：殷会利

印刷厂：河南省邮电印刷厂

知识百花园

骆驼由于善在沙漠中行走，能够适应极其恶劣的自然环境，所以被誉为"沙漠之舟"。它从远古时起就已经为人类服务了。早在2 000多年前的"丝绸之路"上，骆驼就在跋涉奔走，默默地为东西方文化交流和经济贸易的发展作贡献。在我国，野骆驼已不足1 000只了，如此稀少的珍贵动物，正濒临着灭绝的危险，已被国家列为一级重点保护动物，1985年国际上也列为一类濒危动物。发行《野骆驼》邮票，其目的也在于提高人们的认识，唤起各界对野骆驼的关注。

邮票解析

图2-1【野骆驼】邮票画面为一只俯卧荒漠中的野骆驼特写镜头。重点突出这种珍稀动物外形的两大特征，即其头部没有家驼那样的长毛；其驼峰小，且无毛。同时，把它置于一片贫瘠荒凉的大漠之间，以充分反映出野骆驼生长繁衍的恶劣环境，在表现其顽强生命力的同时，也突出了这种动物的韧性和野性。

图2-2【野骆驼】邮票画面为伫立在荒原中的野骆驼母子俩。力图表现这种动物的整体形象，即身材较高大，两驼峰较小但间距却较大，腿比家驼长，毛比家驼短等特征。在大驼身旁放上一只小驼，不仅使画面充满生气，避免呆板单调，也表现出自然界即使是再具野性的动物，也有那种特有的亲昵之情。

集邮小知识

卷筒邮票

卷筒邮票(Coil Stamp)是由自动售票机出售的一种邮票，又称盘卷邮票。事先把邮票制成长条状盘卷起来，出售时机器一枚一枚地"吐"出来，故称"卷筒邮票"。

与电子邮票不同的是，卷筒邮票和其上面的面值是已经印刷好了的，自动售票机只是代人售票，不能选择面值。

最早使用自动售票机出售邮票，是在1893年美国芝加哥的万国博览会上，但当时仍然需要用人把邮票撕成长条再盘成卷状放入机器内，还是需要人工配合。

蜜蜂（T）

发行日期：1993.9.21

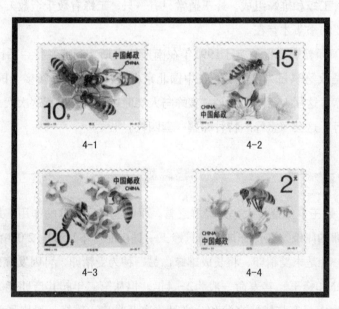

（1993-11）

4-1蜂王	10分	5 421.5万枚
4-2采蜜	15分	5 694.9万枚
4-3中华蜜蜂	20分	6 095.7万枚
4-4授粉	2元	5 253.7万枚

邮票规格：40 mm×30 mm

齿孔度数：11.5度

整张枚数：40枚

版　　别：影写版

设计者：刘显波

印刷厂：北京邮票厂

知识百花园

　　蜜蜂，属节肢动物门昆虫纲膜翅目蜜蜂科蜜蜂属。它的个体发育包括卵、幼虫、蛹及成虫四个阶段，属完全变态昆虫。蜜蜂是过群体生活的，其群体称为蜜蜂群，由蜂王、工蜂和雄蜂组成。蜂王通常只有一只，工蜂有数千至数万不等，雄蜂只在群体需要的季节才存在。

　　第33届国际养蜂会议原定于1991年在南斯拉夫斯普利特举行，后因战火连绵而取消，于是改第34届为第33届，在中国北京举行，来自世界70多个国家的2 000多名代表出席。这届大会的主题是"蜜蜂与人类健康"。为祝贺这次大会召开，我国邮电部发行了这套《蜜蜂》特种邮票一套四枚。

邮票解析

　　图4-1【蜂王】体型最大，为蜂群之首，平时起控制蜂群的作用，是唯一发育完全和能产卵的雌蜂。在产卵期，一只蜂王一昼夜能产下1 500～2 000粒卵。它的卵有两种，一种是未受精卵，将长成雄蜂；另一种为受精卵，可因发育条件的不同分别长成工蜂和蜂王。其寿命一般为2～4年，但从第二年起其产卵能力便逐渐衰退。蜂王一生中只有与雄蜂交配和分蜂时才离开巢房。雄蜂一般出现于晚春和夏季，它唯一职能就是在巢外寻找蜂王交配，随后死去，寿命仅3～4个月。蜂王和雄蜂专职生殖，其终生食料均由工蜂供给。邮票画面即是在蜂王周围，有幼年工蜂组成的"侍卫蜂"，不断地用触角触摸和舐它，并分泌王浆喂它，同时清除它的排泄物。

　　图4-2【采蜜】这项工作由工蜂承担。工蜂体形较小，是群体的劳动者。在发育前期，工蜂担任巢内工作，因其王浆腺发达，故用王浆来喂养小幼虫。此外，还负责清理巢箱筑造巢脾等。到发育后期，工蜂的采集能力增强，从事采

集花蜜、花粉、水分等工作，还要承担守卫、御敌的任务。其寿命一般在五周左右。邮票画面上，一只意大利蜂正在采油菜蜜，背景色彩偏淡紫色的为另一蜜源植物紫云英。

图4-3【中华蜜蜂】其个体小，灵活，反应迅速，善于采集零星蜜源。适于山区的地理环境，具有抗病力强、耐高热、采集勤奋等优点。但它们群势小，易分蜂，易逃亡，蜂产品产量低。在我国，以云南、四川、贵州、广西、福建、湖北、安徽、湖南、江西等省区饲养较多。邮票画面上，为两只中华蜜蜂正在采集桂花蜜。

图4-4【授粉】在自然界，能为农作物、林木、果菜授粉(即虫媒作用）的昆虫很多，但70%以上的授粉任务要靠蜜蜂来承担，蜜蜂在采集花粉花蜜的同时，即完成了这一使命。通过蜜蜂授粉，可使苹果、向日葵增产30%以上，瓜类增产1～5倍，油菜籽增产30%～50%。利用蜜蜂授粉所获得的经济价值要比蜂产品的直接收益高几倍到几十倍，所以，蜜蜂被誉为"农业之翼"。邮票画面为一只工蜂正在采荔枝蜜和为荔枝授粉。

集邮小知识

欠资邮票

欠资邮票(Postage Due Stamp)是寄信人在寄信时未贴邮票或未贴足邮票而由邮局加贴的补收邮资凭证，由收件人交纳邮费。欠资邮票一般不在邮局出售。欠资的原因很多，如信件超重、少贴邮票、贴用了无效邮票等。世界上最早的欠资邮票是1845年荷属东印度(现印尼)发行的，不过有人认为，它不能算是真正意义上的欠资邮票，只是一种"试验性的有背胶的签条"，因为欠资金额和日期都是临时填写的。世界上最早在邮票上印有"欠资"两个字的邮票是法国于1859年发行的，此票无齿孔、无水印，为黑色。

鲟（T）

发行日期：1994.3.18

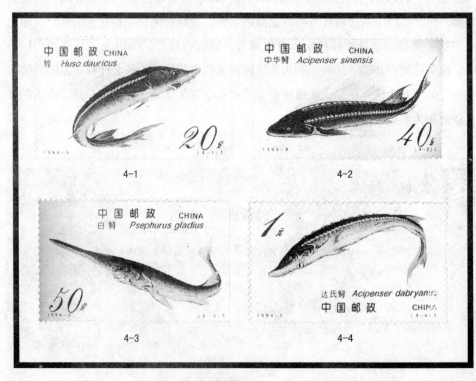

（1994-3）

4-1鳇　　　　20分　　　10 347.75万枚

4-2中华鲟　　40分　　　4 499.75万枚

4-3白鲟　　　50分　　　7 963.75万枚

4-4达氏鲟　　1元　　　3 999.75万枚

邮票规格：52 mm×31 mm

齿孔度数：12度

整张枚数：40枚

版　　别：胶版

设计者：李印清

印刷厂：辽宁省沈阳邮电印刷厂

知识百花园

鲟在我国是珍贵鱼种，有的已处于濒危边缘，因此，发行这套《鲟》邮票，具有不可忽视的意义。邮票为四种我国最具有代表性的鲟鱼，以其或潜或浮或摆或跃或急或缓的泳姿，造成一气贯通的总的游动韵律，充分表现其作为大鱼的气魄。

邮票解析

图4-1【鳇】主要分布在黑龙江流域，是我国江河中最大的鱼种。其体重一般为50~200千克。最大的鳇体长可达5~6米，重1吨。鳇的体表裸露无鳞，只有五行纵列的菱形骨板。头前长着三角形微翘的吻，吻下有四条须；口较大，眼较小。口内虽无利齿，却属肉食性鱼类，勇猛贪婪。它游泳本领极高，常潜伏在江河中，吞食过往的游鱼。食量颇大，消化吸收能力也强，所以生长速度很快，平均一年可增长五千克体重。10岁以后增长更快，年增长可达18千克左右。18岁以后发育成熟，生殖能力强，产卵可达100万粒以上，每年5~6月份，在追逐嬉戏中完成排卵过程。其寿命较长，一般可活20~35年，有的可达50~60年。鳇的身体虽大，但肉质却细嫩多脂，肉层丰厚，味道鲜美，营养丰富。它是我国黑龙江水系特产名贵鱼类，它不进入海域，为淡水江河中定居鱼种。

图4-2【中华鲟】俗称"腊子"，古称"鳣"。主要产于我国的黄河、长江、钱塘江、珠江等内陆溪水水域，沿海各地也可捕到。身躯较大，雌鱼最大可达500千克以上，雄鱼略小。体表也具五行纵列骨板，其背部的骨板较光滑；皮肤无鳞但粗糙；吻不长，眼小，口内无齿。栖息于大江河及近海底层，为洄游性鱼类。在我

国，其产卵场主要在长江上游的金沙江段，产卵期在10月上旬至11月上旬，卵为黏性，生殖期间基本停食。幼鲟主食底栖各类动物，成鲟食昆虫幼虫、硅藻及腐殖质。繁殖后，幼鱼和亲鱼都降海育肥。葛洲坝建成后，洄游通道被阻断。种群生存受到影响。目前，国家已在坝下的宜昌市建立了人工繁育基地，进行人工放流，对中华鲟的保护和增殖起到一定作用。但由于过去捕捞过度，已使其资源明显下降。中华鲟是生长迅速的大型鱼类，四川渔民有"千斤腊子万斤象"的谚语，其经济价值颇高。已被列为国家一级保护野生动物。

图4-3【白鲟】是我国特产的稀有珍贵鱼种，属国家一级保护野生动物。主要分布在长江干流、海河至钱塘江和东海沿海浅水区。个体较大，一般重50～100千克，最重可达一吨以上。体光滑无鳞，背部深灰色，腹面色淡；头长，吻长似象鼻，故俗称"象鱼"；眼小，口大，口前有一对短须，口内两颌长有细牙。亦有在海、河洄游之习性。幼鲟喜结群，随着年龄增长，活动区域逐渐分散。性凶猛，以鱼类为主要食物，其次为虾、蟹。善泳，春天到长江上游产卵，雌鲟怀卵量很大，一般有20万粒。卵粒较大，初为粉红色，渐转为红褐色，成熟期为灰黑色，碧莹晶润。关于白鲟，古时多有记载，称为鲔、鲤、琴鱼、剑鱼等。

图4-4【达氏鲟】也称长江鲟、沙腊子。分布于我国长江、黄河流域，在黄海、渤海、东海以及朝鲜汉江口亦曾出现。成年的个体，雌的在十千克左右，雄的约五千克许，但最重的可达500千克。它体披五行纵列骨板，形似盾甲，骨板间的皮肤遍布颗粒状的细小突起，极为粗糙。口前有四条触须，口较大，无齿。常栖息在长江上游水流较急的石质江底中。主食底栖无脊椎动物，次为水生植物。每年9～10月产卵，怀卵量一般为4万～5万粒。其肉、卵均为名贵食品，鱼鳔和脊索可制鱼胶，经济价值较高。其大小、体形与中华鲟相似，亦遭到过量捕杀，产量明显下降，是国家一级保护野生动物。

鹤（T）（中美联合发行）

发行日期：1994.10.9

2-1　　　　　　　　2-2

（1994-15）

2-1美洲鹤　　　20分　　　4 455.7万枚

2-2黑颈鹤　　　2元　　　　4 762.7万枚

邮票规格：32 mm×40 mm

齿孔度数：12度

整张枚数：20枚

版　别：影雕版

设计者：詹庚西、（美）克兰斯·李

雕刻者：呼振源、阎炳武、李庆发、姜伟杰

印刷厂：北京邮票厂

鹤是一类体型大小不等的大中型迁徙性涉禽，以喙、颈、腿"三长"为其特征，隶于鹤形目鹤科鹤属。世界上共有15种，我国有八种。它们的主要活动场所为草原和沼泽地带，以植物茎叶、谷物等为主要食物，也混食小鱼、虾、昆虫及软体动物等。由于历史原因及现实生存环境、条件、习性的不同，各种鹤的存世量也不一样，这次选中的美洲鹤和黑颈鹤均属濒临灭绝的珍稀物种。

这套邮票，是早在1992年就已由中美双方经过磋商确定两国联合发行的第一套邮票。鹤性格悠闲，体态秀逸，鸣声嘹亮，舞姿翩翩，行止潇洒，楚楚动人，它在全世界不同的文化中，都意味着纯洁和神圣，为吉祥、美好、幸福、长寿的化身。选中鹤作为邮票的主题，正是以此象征中美两国人民的友谊，而最终以我国的黑颈鹤和美国的美洲鹤作为邮票的图案，也体现了两国政府和人民为保护濒临灭绝的野生动物所做的不懈努力。图稿为两国联合设计，由我国著名画家詹庚西执笔。

邮票解析

图2-1【美洲鹤】又名咳声鹤，因其叫声而得名。野生的美洲鹤现在世界上只有一个种群，分布在北美洲。它全身洁白，头顶、眼及喉部的裸露皮肤鲜红，初级飞羽及其复羽为黑色，体躯高大健壮，重量可达七千克以上。美洲鹤相守忠贞，一旦结成伴侣，便将永不分离。每年产卵两枚，一般仅能成活一雏，增长速度特慢，其繁殖地在加拿大西部大奴湖与阿萨巴斯卡湖之间的伍德布法罗国家公园，越冬于美国得克萨斯州南部，濒临墨西哥湾。自19世纪起，由于美国城市的扩展，经济的开发，湿地的利用，使美洲鹤的栖息环境发生了变化，再加上人们的狩猎，使其数量急剧下降，成为20世纪地球上最稀有的鹤。邮票画面上，展现的是它在芦苇丛中觅食的一瞬间，两翅向上翘，头向下盯着猎物，这个动作，不仅能表现出它体形的矫健，而且能鲜明地揭示出其生理特征，如白羽全身，只有翅上第一级飞羽是黑色的，头向下露出红色的顶部及较长的枕羽。而芦苇背景则表现了平原湿地的生态环境。

图2-2【黑颈鹤】黑颈鹤是唯一生活在高原上的鹤类，喜欢在海拔2 000～5 000米的高原湖泊、沼泽地带或湖边灌丛间栖息。其体形高大，站立高度有1.5～2.0

米，体重可达5～7千克。头顶前部裸露，皮肤呈朱红色，散生着纤细的发状短毛，眼睛下缘有一块白斑伸向眼后，头的余部和颈部呈丝绒黑色，故称黑颈鹤。它的体羽呈银灰白色，翅膀上的飞羽及尾羽呈黑色。脚黑色，长而矫健。喙呈凿形，尖端黄，基部亦为黑色。性机警，畏人。常结成30只左右的小群活动，有时也结成百余只的大群。迁徙时则结成10只左右的队伍，呈"一"或"人"字形飞行。其食物包括蕨麻、马先蒿、小藻、鞘翅目昆虫、蛙、蜥、螺、虾等。每年4月中旬成对活动，选择巢地，喜在开阔的沼泽草丛中筑巢，巢极简陋。5月交配，双双起舞，鸣声嘹亮，且歌且舞，欢悦异常。产卵两枚，雌雄轮流孵卵，历时一月，幼雏出壳，次日便可在巢边行走，第三天即可随双亲外出觅食活动。3～4岁成熟，寿命可达20年。黑颈鹤主要分布在我国的青藏和云贵高原一带，在青藏高原北部和东北部的高原草甸上，以及新疆的部分地区繁殖，另在印度北部也有过零星出没。邮票画面上，黑颈鹤呈侧面向天鸣叫，双翅向上展开的一刹那，其头、颈、尾及翅上一、二、三级飞羽均为黑色羽毛的特点，全部展现出来。比较粗壮的形体，显示其能够适应高原寒冷地带生活环境。而远处悬崖峭壁、山岩嶙峋的背景，正是告诉人们这一珍禽特有的繁衍生存之所。

鹤

鸮（T）

发行日期：1995.3.22

（1995-5）

4-1雕鸮	10分	2 787.7万枚
4-2长耳鸮	20分	5 209.7万枚
4-3雪鸮	50分	3 397.7万枚
4-4草鸮	1元	2 787.7万枚

邮票规格：30 mm×40 mm

齿孔度数：11.5度

整张枚数：40枚

版　　别：影写版

设计者：马刚

印刷厂：北京邮票厂

知识百花园

鸮，我国俗称"猫头鹰"，是鸟纲鸮形目，约130种鸟的总称，多为夜行性猛禽。这个目现存有三个科：鸱科、草科和栗科，也有人认为栗科是草科的亚种。为提高人们的保护意识，邮电部决定在我国现存的26种中，选择具有代表性的四种，并由中央美院马刚先生运用先进的电脑绘图手法，设计了这套《鸮》特种邮票。

邮票解析

图4-1【雕鸮】 雕鸮是该种类中体型最大、最雄伟壮观的一种。身长近一米，翼展达1.5米以上，嘴、爪均强硬锐利，耳羽竖立，眼大呈鲜黄色，炯炯有神。它分布于我国各地，亚、欧、非和北美各洲也有出没。白昼它一般在密林中停宿，缩颈闭目，一动不动。黄昏时飞出，四处觅食，捕食野鼠，也抓野兔、雉鸡等。其一年四季均有繁殖，但因地区不同而异，每窝产2～5枚卵，孵卵由雌鸮负责，出壳后1～2个月还需亲鸟哺养。

图4-2【长耳鸮】 中型鸟，数量较多，我国各地均有，也广布于欧亚大陆以及非洲西北部。它面盘发达，头顶上有两簇带黑色斑纹的长羽，竖立呈耳状，故名长耳鸮。亦是昼伏夜出，以老鼠等为食。

图4-3【雪鸮】 在鸮类中，它是一种十分漂亮的鸟。它又名白鸮或北极鸮，是

认识邮票中的动物世界

北极苔原地区的留鸟，不惧冰雪严寒，主食旅鼠、雪兔、雷鸟。雪鸮因食物的贫乏而向南部迁徙。它没有真正的巢穴，通常在地面凹处或岩石基部的低洼处产卵，每窝3～11枚。属珍罕的鸟类。

图4-4【草鸮】草鸮为中型鸟类，无耳羽簇，面盘显著，俗称"猴面鹰"。分布在我国长江以南各省区，国外见于东南亚、澳大利亚、斐济等地。草鸮栖息于山坡草地或开阔的草原，夜出捕鼠为食，兼食小鸟、蛇、蛙等以及大型昆虫。每年9～10月为繁殖高峰期，每巢产卵2～4枚，雌孵化，24天左右幼鸮出世，经两天喂食，即可独立生活。

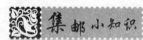

集邮小知识

凭背胶鉴别邮票

邮票背胶也是研究和辨别邮票真伪的要素。鉴别这类差别首先应了解邮票背胶工艺的发展过程。一般来说，我国的邮票在20世纪50年代是以马铃薯淀粉做原料的糊精胶涂刷背胶。这种背胶的特点是胶质光亮，发黄，胶层较厚。60年代采用合成胶，光泽较糊精胶差，颜色发白，胶层较薄。目前发现的假票一般无背胶，有的是在票背上涂上一种半透明的白色涂料，冒充背胶。对造假者来说，不走样地均匀刷涂背胶并非易事，要调制出配比正确、胶色逼真的胶料就更加困难了。

一般鉴别还可从胶层的厚薄、刷胶的纹路、胶层的颜色光泽差异来进行鉴别。特别要看齿孔，如果胶水由齿孔溢到邮票表面，齿孔尖端被胶水包住，无纤维露出，并且胶层厚薄不匀，这肯定是假背胶。

中泰建交二十周年（J）
（中泰联合发行）

发行日期：1995.7.1

（1995-11）

2-1 亚洲象	1元	2 672.7万枚
2-2 亚洲象	1元	2 672.7万枚

邮票规格：52 mm × 31 mm

齿孔度数：11.5度

整张枚数：40枚（2种横式联印）

版　别：影写版

设计者：（泰）维娜

印刷厂：北京邮票厂

认识邮票中的动物世界

这是中国与外国联合发行的第三套邮票。早在1994年5月，中国邮政代表团便飞往曼谷，与泰方商定邮票图稿，讨论印制发行问题，原定名为"亚洲象"，但考虑到1995年恰值中泰建交20周年，于是便冠以此名，以示庆祝。同时，在票面上印有中、泰文的"象"字，从一个侧面表现中泰两国的文化交流。此外，邮票的设计完全由泰方画家承担，这也是此套联合发行邮票的一大特征。

泰国原名暹罗，1949年起改称泰国。泰国作为一个独立的国家，成立于13世纪。面积51.4万平方千米，人口约4 600多万，主要是泰族，其次是老挝族、马来族、高棉族和华裔。泰国是个农业国，主要作物是大米，其次是天然橡胶、热带水果等，因其地处热带，一年四季瓜果飘香，素有"水果王国"之称，仅香蕉就有上百个品种。其锡矿藏量丰富，是世界上仅次于马来西亚的第二大产锡国。稀有金属钽的产量占世界总产量的1/4左右，有着重要地位。佛教是泰国的国教，有"黄袍佛国"的别称，全国90%以上的居民信奉佛教，终身僧侣达20万左右，泰国男子到了一定年龄必须削发为僧，一般为三个月，连国王也不能例外，以报答父母养育之恩。泰国素有"白象王国""大象之邦"的雅称，境内现存大象头数居亚洲各国之首。象征神圣和吉祥的大象曾雄踞于泰国国旗中央，并印在第一枚暹币上，也是泰国皇家海军的徽志。

亚洲象为哺乳纲象科，是亚洲大陆现存最大的动物，一般身高约3.2米，重可超5吨。现分布于北纬24.6°以南的我国云南西双版纳的勐腊县及南亚、东南亚部分地区。亚洲象是列入《国际濒危物种贸易公约》濒危物种之一的动物，也是我国一级野生保护动物，我国境内现仅存300余头。

图2-1、2-2【亚洲象】邮票画面上，出现了在中泰交界的某条河上，河水碧绿清澈，两岸青山着绿，竹杉茂盛，亚洲象这一中泰两国共有的珍贵动物，像早已熟悉的老朋友，你呼我唤，从两国那茂密的植物丛中，来到同一条河里饮水，嬉戏……整套邮票以象为基调，以比较厚重的色彩，营造了一个沉稳、安详的画面，中间的光亮部分，成为整幅画面的视点，联票形式的设计，既吸引人，又有着十分丰富的内涵，烫金的文字，既显得庄重、大方，又没有破坏票面的意境和整体美。

珍稀动物（T）
（中澳联合发行）

发行日期：1995.9.1

2-1   2-2

（1995-15）

2-1考拉   20分   4 140.7万枚

2-2熊猫   2.90元   2 675.7万枚

邮票规格：40 mm×30 mm

齿孔度数：11×11.5度

整张枚数：20枚

版　别：影雕版

设计者：许彦博

雕刻者：阎炳武、呼振源

印刷厂：北京邮票厂

知识百花园

这是中国与澳大利亚联合发行的首套邮票。设计者以独特的钢笔水彩画法，描绘出澳大利亚的"国兽"考拉和中国的"国宝"熊猫那可爱的形象，它们各自在自己生存的桉树和竹林中，悠然自得、憨态可掬。图稿经澳方利用电脑进行版式设计后，由两国分别印制发行。

邮票解析

图2-1【考拉】又叫树袋熊，是低等的有袋类哺乳动物。其成年体重约10千克，身高70厘米左右。圆眼睛，短耳朵，秃鼻子，体态臃肿，毛软而厚，无尾，胸腹部为淡白色，其余体表部分为灰色或褐黄色，外形非常像熊，当地人叫它"土熊"，其实它与熊毫无亲缘关系。

以前，它曾广泛分布在澳大利亚，数量较多。如今，只分布在澳大利亚东南部沿海一带狭长的桉树林中，数量稀少，仅剩下几千只。澳政府已制订法律，严禁猎捕，限制出口，大力保护，使之免于灭绝。

考拉是典型的树栖动物，因其前后肢均有五趾，其中大趾和食趾在一起，与另外三趾恰好相对，这种排列便于抓握，因此它在树上极善攀爬，很少到地面活动。

考拉是素食者，而且非常挑食，澳大利亚约有600多种桉树，它仅吃其中的

考拉1

熊猫1

考拉2

二三十种桉树叶，也不喝水，只靠这些桉叶为其提供营养和水分，当地人也叫它"库博尔"，意思就是不饮水。

每只考拉一天要吃1～2千克新鲜的桉树叶，其他什么也不吃，正是因为它这种独特的食癖，一般动物园难以应付，现只有美国的加利福尼亚州圣迭戈动物园饲养着这种动物，供人观赏。考拉性情温顺，胆小，从不攻击别的动物，总是一副笑脸，但抵抗力也弱，一旦受到欺辱，会像婴儿一样哭泣，叫人爱怜。它不合群，喜独处。

每年9月至次年1月为配偶季节，怀孕35天后产一仔。新生幼仔全身无毛，眼鼻紧闭，后肢发育不全，但前肢已经长出爪来，就是靠着有力的前肢，幼仔可以从产道口自行爬进母兽的育儿袋里继续发育。四五个月后，身上长出柔密的毛，离开育儿袋，爬到母兽的背上玩耍，但睡眠、吸奶时还是钻进袋中。母子间依恋性很强，尽管幼仔已经长大，但雌兽还爱背着它，形影不离。一年后，幼兽可以独立生活，三四岁成年，可以繁殖，寿命约15～20年左右。

图2-2【熊猫】为较高等的食肉类动物，属大熊猫科。其体胖似熊，面容像

熊猫2

猫，但它既不是熊，也不是猫。四肢、肩、耳郭和眼圈为黑色，其余体表为白色。成年体重约100千克，体长1.5米左右，尾短小。

熊猫现只分布在我国四川、甘肃和陕西的山林中，数量稀少，仅有1 000只左右，为我国特有动物，也是世界级珍稀动物，受到国家法律严格保护。它栖息于海拔1 500～3 500米的高山深谷密林里，过着独居生活，昼夜均活动，特别是早晨或黄昏更是活动频繁。

熊猫行动缓慢，能涉水，善爬树，不怕寒冷，无冬眠习惯，主食竹子的嫩茎和竹叶，每天能吃10千克左右的竹叶子，边走边吃，也吃野果、竹鼠、鸟卵等，喜食肉。但它性情温顺，从不主动去攻击其他动物，只能拣些动物尸体吃。喜欢饮水，爱游泳，自卫能力差。

每年春末夏初，为求偶季节，秋天分娩，每胎一至二仔，一月后始长毛，3个月能行动，半年后可独立生活，4岁成年，寿命约15年左右。

集邮小知识

汇兑邮票

　　汇兑邮票又称汇兑印纸，是在汇兑业务中，贴在汇票及其核对单据上的汇款金额的凭证。有面值，但不公开出售。1884年荷兰发行了世界上最早的汇兑邮票。1898年中国开始办理汇兑业务，当时没有发行汇兑邮票，而使用了普通邮票。1925年1月，"中华邮政"发行了13枚一套的汇兑邮票，图案全都是一座9层宝塔，面值和刷色不同，俗称"北京一版汇兑邮票"，开创了发行汇兑邮票的先河。以后陆续发行过多套汇兑邮票和加盖"限×省贴用"的汇兑邮票。解放区于1946年6月由晋察冀边区邮政管理局首次发行了"张家口城门图"汇兑邮票，全套11枚，图案相同，面值和刷色不同。新中国成立后，先是在"中华邮政"发行的汇兑邮票上加盖面值和铭记"中国人民邮政"使用，1953年1月正式发行"工农图"汇兑邮票，全套1枚，无面值。同年年底终止使用汇兑邮票。

珍禽（T）
（中国和瑞典联合发行）

发行日期：1997.5.9

（1997-7）

2-1白腹锦鸡　　　　　50分　　　3 275.7万枚

2-2环颈雉　　　　　　540分　　　2 612.7万枚

邮票规格：40 mm×32 mm

齿孔度数：12度

整张枚数：20枚

版　别：影雕版

设计者：（1图）曾孝濂；（2图）英格·卡琳爱丽逊（瑞典）

雕刻者：赛斯罗·斯拉尼亚（瑞典）

印刷厂：北京邮票厂

知识百花园

瑞典是一个位于北欧斯堪的纳维亚半岛东部，介于芬兰和挪威之间的王国，面积44.97万平方千米。1950年5月9日，刚刚成立的中华人民共和国与瑞典王国建立了大使级外交关系。47年后，中瑞两国决定在建交纪念日来临之时，联合发行一套《珍禽》特种邮票，通过飞入方寸之中的友好使者——邮票画面上的白腹锦鸡和环颈雉，来表现中瑞两国人民之间的传统友谊。

邮票解析

图2-1【白腹锦鸡】白腹锦鸡又叫铜鸡、禽鸡，据说它嗜食竹笋，故又称笋鸡，为国家一级野生保护动物，仅分布在我国云南、四川、贵州和西藏东南部一带。雌雄异色。雄鸡身长达1.3米左右，头顶、胸、背、颈等部位均为蓝绿色，散发着金属般的光泽。头上有像小辫一样的羽冠披在颈后，颈部有白色镶黑边的羽毛形成的披肩。下背和腰部呈褐色，往下转朱红色，腹部为白色，故名白腹锦鸡。雄鸡有着淡雅清秀的羽毛，拖着黑白相间、光亮似锦的长尾，出没在灌丛竹林间，煞是好看，因而又有"淑女雉"的美称。而雌鸡除头侧棕红外，全身呈土褐色，体形稍小，尾羽也短，更显出那美丽潇洒的披肩。它们通常栖息在海拔2 000～4 000米的多岩山地上，在荆棘丛生的灌木丛中单独或成对活动，觅食各种种子、昆虫、浆果和农作物等。秋冬季节常结集成20只左右的小群活动，叫声嘈杂，能传到很远处。它们善疾走，行动敏捷，性机警，遇有危险便快速窜向灌丛，遇到惊吓，才振翅起飞，但飞不远又落地潜逃。春末夏初是它们的繁殖季节，一雄一雌迁到人迹罕至的隐蔽处筑巢，每窝产梨状黄褐色卵9～20枚，孵化期为22～24天。幼雏出壳后便能跟随母禽到处活动觅食，转年春可独立生活，11个月即可繁殖后代了，寿命一般6～7年。

白腹锦鸡

图2-2【环颈雉】环颈雉又称野鸡、山鸡、雉、雉鸡、项圈野鸡、五彩鸡等。在我国除青藏高原的大部分和海南岛以外，均有广泛的分布。它是最古老的狩猎对象之一。环颈雉体长一米左右，也是雌雄异色。雄雉羽毛华丽，头顶两侧各有一束能耸立的耳羽簇；眼部无毛，皮肤裸露并

环颈雉

下垂，呈绯红色；颈黑色，有蓝色金属光泽；胸腹呈铜红色，腰侧丛生绿黄色的发状丝毛。雌雉体形较小，尾也较短，体羽平淡，呈土褐色。它们食性也杂，以植物为主，但又喜食昆虫。脚爪强健，善于奔走。性怯懦，遇有敌害，便隐蔽不动，只有当被发现时，才骤然惊飞，速度很快，但飞到几十米处又落下遁去。环颈雉是留鸟，只有当环境变化或食物不济时才迁徙。每年3~7月为繁殖期，一雄可配多雌，每窝产卵6~15枚，每年可产两窝，孵化22天后，幼雏出壳，1个月后即能随母禽活动了。

集邮小知识

罕见的针孔邮票

在邮票上略字穿孔的发明者是英国人约瑟夫·斯洛泼，他在1858年创建了"略字穿孔"工具。我国最早的针孔邮票是凿有N.C.H的海关大龙邮票。针孔邮票中针孔所显示的图文是专题邮集中不可多得的专题信息。

我国新疆维吾尔自治区地处遥远的边疆，由于政治与经济的关系，历史上曾经采用独特的币制。当时邮政总局为了防止纸币值低的地区购买邮票到币值高的地区出售牟利，就在当地邮票上加盖"限新省贴用"字样，以限制流通。当地政府公用邮票，采用针孔邮票，还可以防止公务人员假公济私，用公家邮票寄私信，或者转卖。

第一套加盖"限新省贴用"偏头限的针孔邮票，是在1915年发行的。香港地区以及国外也发行过很多种针孔邮票。有些人认为针孔邮票的图案受针孔的影响，破坏了整体的美观，没有收藏价值。但是，如果细心欣赏，针孔邮票还是花样很多，多彩多姿，乐趣无穷。特别是邮资机问世以来，针孔邮票发行得愈来愈少，日后必将会成为名贵邮票。

海底世界·珊瑚礁观赏鱼（T）

发行日期：1998.12.22

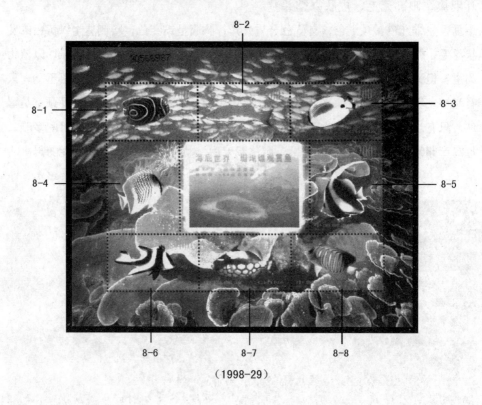

（1998-29）

8-1主刺盖鱼　　　　　200分　　　　3 099.9万枚

8-2蓝斑鳃棘鲈　　　　200分　　　　3 099.9万枚

8-3蓝斑蝴蝶鱼　　　　200分　　　　3 099.9万枚

8-4桔尾蝴蝶鱼　　　　200分　　　　3 099.9万枚

8-5马夫鱼	200分	3 099.9万枚
8-6千年笛鲷	200分	3 099.9万枚
8-7圆斑拟鳞鲀	200分	3 099.9万枚
8-8甲尻鱼	200分	3 099.9万枚

邮票规格：（1～3、6～8图）50 mm×30 mm；（4、5图）40 mm×50 mm；

小版张规格：190 mm×150 mm

齿孔度数：11.5度

整张枚数：8枚

版　　别：影写版

设计者：黄里

印刷厂：北京邮票厂

知识百花园

　　我国的南海，疆域辽阔，海水湛蓝，清澈见底，海中不仅栖息生活着许多奇异珍贵的鱼类，还有大量的海洋资源和丰富的地下宝藏。这套《海底世界·珊瑚礁观赏鱼》特种邮票，是我国为迎接第22届万国邮联大会和99世界邮展在北京举办而发行的第二套小版张邮票。

邮票解析

　　图8-1【主刺盖鱼】刺盖鱼属，蝴蝶鱼科，俗称皇帝仙。分布在我国南海诸岛和台湾附近海域的珊瑚礁中，太平洋中部、印度洋非洲东岸和红海也有分布。幼鱼时为紫蓝色，全身有蓝白相间的环形条纹。成鱼的眼间隔周边下与鳃盖骨后缘、颊部，有一蓝边墨色斑块，身体也有由黑蓝色变成数十条深黄色的纵纹，尾柄为黄色，因此又有"条纹刺盖鱼"之称。成鱼体长约100～130毫米。邮票画面游动的是其幼鱼。

　　图8-2【蓝斑鳃棘鲈】鳃棘鲈属，鮨科，又称斑鳃棘鲈，俗称斑刺鳃鮨。广泛分布在我国南海诸岛珊瑚礁海区，在其他大洋的热带海域也有分布。身体为橙红

色，头、体和臀鳍部均散布许多蓝色斑点，头部点较大，尾部点较细小，该鱼上颌骨一直伸达眼后的下方，颌的前端有一对犬齿，下颌侧有3～4对犬齿。成鱼体长350～400毫米。

图8-3【蓝斑蝴蝶鱼】蝴蝶鱼属蝴蝶鱼科，又称四刺蝴蝶鱼，俗称蓝印蝶。分布于我国南海诸岛、台湾海域，在热带印度洋和太平洋也有分布。成鱼身体为黄色，头部有一经眼部的黑色条带。尾柄根部有一蓝墨斑。体侧有20多条棕色纵纹，在侧线附近的纵纹之间，有一蓝色斑块。幼鱼时，蓝斑不明显，随着成长，蓝斑逐渐显现出来。蝴蝶鱼长成后，生有四刺，故又称"四刺蝴蝶鱼"。成鱼体长约120毫米。

图8-4【桔尾蝴蝶鱼】蝴蝶鱼属蝴蝶鱼科，俗称橙尾蝶。分布于我国南海西沙、东沙、南沙群岛及台湾附近海域，在热带印度洋、红海也有分布。鱼体侧鳞片边缘有一棕红色线纹相连，呈网状，臀部鳍条后部和尾部，有月形橘红色大斑。尾鳍的中部，有一新月形橘红色横带；而头的侧部，有一条经过眼部的黑色横带，颈部有一鞍斑。由此得名"桔尾蝴蝶鱼"。

图8-5【马夫鱼】马夫鱼属蝴蝶鱼科，俗称关刀蝶。广泛分布于印度洋与太平洋。我国只产于南海。在东非至夏威夷海域也有分布，是暖水性中小型珊瑚礁鱼。鱼体侧扁而高，背缘凸度大于腹缘，尾柄短而高，头部颇小，吻较长，鱼体为中等大弱栉鳞。其背鳍第四鳍棘及鳍膜呈长鞭状，鱼体为淡黄色，两眼之间有黑色横带相连。成鱼一般体长100～200毫米。

图8-6【千年笛鲷】笛鲷属笛鲷科，俗称川纹笛鲷、千年鲷、儋川红。分布在我国南海珊瑚礁海区，在红海、热带印度洋和西太平洋均有分布。成年鱼通体为赤红色，背部深，腹部浅。成鱼体长可达一米。它们常栖息在热带海洋的岸边或珊瑚礁水域。邮票画面即为千年笛鲷的幼鱼。

图8-7【圆斑拟鳞鲀】拟鳞鲀属鳞鲀科，俗称小丑炮弹。为暖水性鱼类，分布在我国西沙、南沙和台湾附近海域及太平洋热带岛礁海域。鱼体呈黑褐色，长椭圆形，眼前方有一纵凹沟。吻端与眼之间的背缘处有黄色斑带，伸至眼前缘的下方。吻端黄色，唇外有白色圈纹。尾柄有2～3行逆行小棘，每行6～7个。在第一背鳍后方，有一长方形黄色大斑，并散布有褐色斑点；在鱼体下半部有3～4行白色圆斑。成鱼体长有500毫米。

图8-8【甲尻鱼】甲尻鱼属蝴蝶鱼科，俗称金毛巾。分布在我国南海诸岛、台湾地区附近海域及红海、热带印度洋和西太平洋。鱼体侧扁，略呈卵圆形。尾柄短而高。成鱼体为土黄色，体侧有八条黑边的蓝紫色横条带，从背鳍基部向下方至腹侧。前鳃盖骨后缘有细小锯齿，下方有一对强棘，故又名"双棘甲尻鱼"。成鱼体长约140毫米。

编号邮票的投资价值

编号邮票简称编号票，是中国人民邮政在"文革"中期发行的邮票。它和初期发行的"文"字邮票一样，在新中国邮票史上留下了时代的烙印。

从1970年8月1日发行现代京剧《智取威虎山》邮票开始，历时3年多，编号邮票选题内容从"突出政治"的束缚中挣脱出来，逐步摆脱"文"字邮票的简单化和公式化，邮票画面不再是以"字"代画，题材涉及工业建设成就、妇女儿童、体育卫生、对外经济贸易、出土文物、珍稀动物等。如《熊猫》邮票，用中国传统的绘画艺术形式，表现了中国特有的珍贵动物，富有民族特色。

编号票虽然在邮票上印有志号，但没有标明纪念邮票和特种邮票。经细分，有14套邮票归入纪念邮票，7套邮票归入特种邮票。这个阶段发行的特种邮票比较精美，如《熊猫》《儿童歌舞》《出土文物》等。

在编号票发行的3年内，我国的集邮活动尚未恢复，因此大都用于邮政通信。编号票的最大特点是以低面值票为主，其中最常用的8分票占总数八成。

编号票与"文"字邮票一样，都是在"文革"时期发行的，但它们之间又有差异。相对来说，编号邮票的市价比较低，除少数几套在千元上下外，其余都只有几十元到数百元，因而升值的潜在空间比较宽裕。特别是其中几套特种邮票，它们的投资价值是有一定优势的。

马鹿（中国—俄罗斯联合发行）（T）

发行日期：1999.5.18

（1999-5）

2-1马鹿	80分	2 449.8万枚
2-2马鹿	80分	2 449.8万枚

邮票规格：40 mm×30 mm

齿孔度数：11.5度

整张枚数：2枚

版　别：影写版

设计者：殷会利、（俄）弗拉基米尔·D·柯多加诺夫

印刷厂：北京邮票厂

　　这套邮票是中国和俄罗斯首次联合发行的邮票，既表示了中俄两国的传统友谊，也标志着两国邮政领域的合作有了新的发展。此稿由中俄双方邮票设计家共同完成。

　　马鹿，为哺乳纲偶蹄目鹿科动物，亦称"赤鹿"。广泛地分布于西北非洲、欧洲大部、北美洲和亚洲北部。在我国主要产于东北三省、内蒙古、山西、新疆、甘肃、青藏高原等地。体长可达1.8米，亦有超过两米的个体，肩高约1.5米，体重230～250千克，但雌鹿较小。雄鹿有角，一般每角分八个叉，第一、二叉很接近，因此又叫"八叉鹿"，有少数可长到十个叉。夏毛短，赤褐色；冬毛长，灰棕色。其栖息环境多种多样，但喜在广袤的针阔混交林中出没，也有的生活在森林草原或疏林灌丛带。

　　马鹿毛皮可做褥垫或制革，肉可食，鹿角具行血、散淤、消肿等功用，其胎、茸、骨、血、筋、尾等均可入药。

国家重点保护野生动物（Ⅰ级）（一）（小版张）（T）

发行日期：2000.2.25

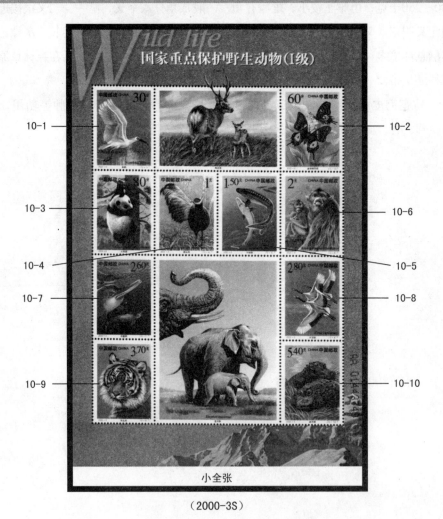

（2000-3S）

10-1朱鹮	30分	1 950.40万枚
10-2金斑喙凤蝶	60分	1 950.40万枚
10-3大熊猫	80分	1 950.40万枚
10-4褐马鸡	1元	1 950.40万枚
10-5中华鲟	1.50元	1 950.40万枚
10-6金丝猴	2元	1 950.40万枚
10-7白鳍豚	2.60元	1 950.40万枚
10-8丹顶鹤	2.80元	1 950.40万枚
10-9东北虎	3.70元	1 950.40万枚
10-10扬子鳄	5.40元	950.40万枚
小全张	21元	1 950.40万枚

邮票规格：30 mm×40 mm

过桥票规格：（梅花鹿）60 mm×40 mm；（亚洲象）60 mm×80 mm

小版张规格：146 mm×213 mm

齿孔度数：13度

整张枚数：12枚

版　别：影写版

设计者：黄华强

印刷厂：北京邮票厂

知识百花园

　　现在世界上约有1 200种动物濒临灭绝。为了维护生态平衡，拯救濒危野生动物，许多国家都制定了相关法律，我国也于1989年公布了《中华人民共和国野生动物保护法》。并已建立了400多处自然保护区。我国是世界上拥有野生动物种类最多的国家之一，并有许多珍稀特产的物种。动物是人类的朋友，保护动物就是保护人类自己。

图10-1【朱鹮】朱鹮又叫朱鹭、红鹤，是一种美丽的中型鸟类。我国1981年在陕西洋县发现了七只朱鹮，现已繁殖到200只左右。并在秦岭南麓的陕西洋县设立了朱鹮保护观测站。

朱鹮

图10-2【金斑啄凤蝶】属中、大型的美丽蝶种，是世界上最珍稀的蝴蝶之一。其模式产地为毗邻江西的广东北部的龙头山。海南亚种模式产地在海南黎族、苗族自治州的五指山。福建亚种模式产地在福建建阳市的武夷山。广西亚种模式产地在大瑶山。

图10-3【大熊猫】又叫熊猫、猫熊，属于食肉目熊科，体态胖软，四肢粗壮，是我国特产动物。其模式产地为四川宝兴（1869年），分布于我国岷山山区（四川、甘肃）、凉山山区（四川）和秦岭山区（陕西）约37个县。

图10-4【褐马鸡】俗称角鸡、黑雉，属鸡形目雉科，全身呈浓褐色，是我国特有动物。其模式产地为天津（应是河北西北部）（1862年）。分布在我国的山西、河北和北京。现有庞泉淘自然保护区（山西交城、方山县）、河北省褐马鸡自然保护区（河北蔚县）。

图10-5【中华鲟】嘴尖突，口小无牙，身体呈椭圆形。它们生在江河，

褐马鸡

长在海洋，为大型洄游性鱼类，是我国特有的古老珍稀鱼种。其模式产地为中国（1834年）。分布于我国长江、黄河、珠江、闽江、钱塘江、淮河、辽河等水域及沿海。现湖北宜昌已建立小溪塔中华鲟人工繁殖研究中心。

图10-6【金丝猴】圆头长尾，青面蓝鼻，鼻孔朝天，相貌奇特，肩背毛发金黄，闪闪发光，由此得名，为我国特有的世界珍稀动物之一。其模式产地在四川宝兴（1870年）。分布于我国的四川、甘肃、陕西和湖北。现有神农架自然保护区（湖北房县、兴山和巴东）、周至自然保护区（陕西周至县）、白河自然保护区（四川南坪）。

图10-7【白鳍豚】又名鳍豚，身体呈纺锤形，其视听器官已经退化，但大脑却特别发达，声呐系统极为灵敏，为我国特有的水生动物之一。其模式产地为洞庭湖（1918年）。分布于长江中下游。现有长江天鹅洲古道白鳍豚自然保护区（湖北）、铜陵大通镇白鳍豚养护场（安徽）、长江新螺段白鳍豚保护区（湖北）、东洞庭湖保护区（湖南）、中国科学院水生生物研究所（湖北武汉东湖）。

中华鲟

图10-8【丹顶鹤】又称仙鹤、白鹤，属鹤形目鹤科。其身姿秀丽，修颈长足，举止优雅，是一种大型的珍贵涉禽。其模式产地为日本（1776年）。分布在亚洲东部，繁殖在西伯利亚、日本和我国黑龙江，越冬地在我国山东（荣城）及长江中下游。现有黑龙江省齐齐哈尔市的扎龙自然保护区、吉林省通榆县的向海自然保护区、江苏省盐城地区沿海珍禽自然保护区。

图10-9【东北虎】东北虎属哺乳纲猫科。它们体魄健壮，勇猛异常，素称"森林之王"。虎的模式产地为孟加拉国（1758年）。东北亚种模式产地为朝鲜（1844年）。分布于西伯利亚、朝鲜和我国黑龙江、吉林。现有七星砬子东北虎自然保护区（黑龙江桦南县及双鸭山市）、长白山自然保护区（吉林安图县）。

图10-10【扬子鳄】亦称鼍，爬行纲鼍科。背部暗褐色，腹部灰色，皮肤上覆盖着粗糙的角质鳞片，是世界上濒临灭绝的爬行动物。其模式产地为安徽芜湖清水河（1899年）。曾分布在长江中下游和江淮之间，现分布在安徽、浙江、江苏。现有扬子鳄自然保护区（安徽的宣城、南陵、泾县、郎溪和广德5县）、扬子鳄繁殖研究中心（安徽宣城）。

扬子鳄

国家重点保护野生动物（Ⅰ级）（二）（小版张）（T）

发行日期：2001.3.16

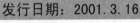

（2001-4S）

10-1扭角羚	30分	1 700万枚
10-2白鲟	60分	1 700万枚
10-3麋鹿	60分	1 700万枚
10-4达氏鲟	80分	1 700万枚
10-5北山羊	80分	1 700万枚

10-6虎头海雕	80分	1 700万枚
10-7野骆驼	80分	1 700万枚
10-8雪豹	1元	1 700万枚
10-9紫貂	2.60元	1 700万枚
10-10高鼻羚羊	5.40元	1 700万枚
小全张	14元	1 700万枚

邮票规格：30 mm×40 mm

过桥票规格：（黑颈鹤）60 mm×40 mm；（野牦牛）60 mm×80 mm

小版张规格：146 mm×213 mm

齿孔度数：13度

整张枚数：10枚

版　别：影写版

设计者：冯小红、殷会利

印刷厂：北京邮票厂

知识百花园

现在世界上约有1 200种动物濒临灭绝。为了维护生态平衡，拯救濒危野生动物，许多国家都制定了相关法律，我国也于1989年公布了《中华人民共和国野生动物保护法》。并已建立了400多处自然保护区。

在全社会的关注下，人们认识到让动物成为人类的朋友，保护动物就是保护人类自己。愿它们与人类同在，让地球成为我们永远的家园。

2000年国家邮政局发行了《国家重点保护野生动物》系列邮票第一组。此次发行是系列邮票第二组。

邮票解析

图10-1【扭角羚】属偶蹄目牛科。模式产地为陕西柞水县羚牛自然保护区。

图10-2【白鲟】属鲟形目白鲟(匙吻鲟)科。模式产地为中国长江。

图10-3【麋鹿】属偶蹄目鹿科。模式产地为中国北京南海子皇家猎苑、麋鹿苑(北京大兴区南苑)，江苏大丰麋鹿保护区，北京、上海和保定动物园(20世纪50年代由英国引入展出)。

图10-4【达氏鲟】属软骨硬鳞鱼类中的鲟形目鲟科。模式产地为中国长江。

图10-5【北山羊】属偶蹄目牛科。模式产地为新疆阜康市天池自然保护区、新疆塔什库尔干自然保护区。

图10-6【虎头海雕】属隼形目鹰科。模式产地为俄罗斯堪察加。

图10-7【野骆驼】属偶蹄目有峰驼科。模式产地为我国罗布泊以东(新疆若羌县)、阿尔金山自然保护区。

图10-8【雪豹】属食肉目猫科。模式产地可能为帕米尔高原塔什库尔干自然保护区、新疆阜康市天池自然保护区。

图10-9【紫貂】属食肉目鼬科。模式产地为西伯利亚、我国新疆阿尔泰和黑龙江林口。

图10-10【高鼻羚羊】属偶蹄目牛科。模式产地为苏联中亚地区。

野骆驼

中国鸟（第一组）

发行日期：2002.2.1

3-1　　　　　　　　3-2　　　　　　　　3-3

（普31）

3-1黄腹角雉　　　　　　　80分

3-2白尾地鸦　　　　　　　1元

3-3台湾蓝鹊　　　　　　　2元

邮票规格：27 mm×38 mm

齿孔度数：13.5×13度

整张枚数：30枚

版　　别：影写版

设计者：黄华强

印刷厂：北京邮票厂

国家邮政局于2月1日发行《中国鸟》普通邮票第一组共三枚，图案分别为：黄腹角雉、白尾地鸦、台湾蓝鹊。

邮票解析

图3-1【黄腹角雉】别名角鸡、吐绶鸟，分布于浙江、江西、福建、广东、广西、湖南，为国家一级保护野生动物，体长约50～65厘米。雄鸟上体栗褐色，满布具黑缘的淡褐带棕黄斑。下体棕黄，脸部裸皮朱红色；有翠蓝色及朱红色组成的艳丽肉裙及翠蓝色肉角，于发情时向雌鸟展示。雌鸟棕褐色，密布黑、棕黄及白色杂斑。栖息于海拔600～1 600米的亚热带针阔混交林内。以蕨类及植物的根、茎、叶、花、果为食，尤对交让木的果实及叶有依赖性。繁殖期为3～6月份。每窝产卵3～4枚，由雌鸟孵卵28天出壳。

图3-2【白尾地鸦】属世界濒危物种，主要分布在新疆的巴楚、莎车、塔克拉玛干沙漠腹地、罗布泊、阿尔干等地。白尾地鸦生活在新疆，属于鸦科。雌雄相似，体羽主要呈沙褐色，十分接近环境的颜色；嘴巴较长，并稍向下弯曲，具有挖掘和埋食的功能；鼻孔被稠密的羽毛覆盖，极适应荒漠干旱的环境；翅短而圆，很少长距离飞行，跗中长而强健，善于在地面奔跑。"由于这种动物日渐减少，考察时，我们一个月也见不到一只。"中科院新疆生地所研究员马鸣说。由于鸦类具有挖掘和埋藏食物的天性，当地民间传说，鸦类会将沙漠中人类遗留下的耳环、戒指

黄腹角雉

白尾地鸦

等贵重首饰深埋于沙地中，且白尾地鸦喜欢在沙漠中的古城附近活动，成为盗墓贼的"指示鸟"，因此在地鸦活动的尼雅、克里雅、园沙古城楼等古遗址，100多年来国内探宝者到来后第一个任务就是抓只白尾地鸦。白尾地鸦生存在极其恶劣的环境之中，其骨肉、血液等被认为有医疗特效，科学家们在访问了很多人后发现，人们都认为白尾地鸦能治百病。因此，人类的大肆捕杀对白尾地鸦的生存形成了极大的威胁。

图3-3【台湾蓝鹊】俗称长尾山娘，碧蓝身躯，朱红嘴喙，尾巴末端为白色。分布于台湾低海拔的山地或丘陵。在台湾低海拔的山区，常可以看到一排碧蓝色的鸟儿在林间穿梭飞行，那就是台湾特有的鸟类——台湾蓝鹊。台湾蓝鹊有着碧蓝色的身躯、红色的嘴以及末端白色的长尾巴，身体全长约65厘米，可算是较大型的鸟类。台湾蓝鹊大都在树林及杂草区的交会地带筑巢，且多筑于大树之树梢。其巢为碗状，每个巢通常有4～6颗蛋。喜群居，在生育季节，亲鸟育雏时，同族的其他鸟儿都会来帮忙哺喂幼鸟。

台湾蓝鹊

中国鸟（第二组）

发行日期：2002.4.1

2-1　　　　　　　2-2

（普31）

2-1贺兰山红尾鸲　　　　　4.20元

2-2藏鹀　　　　　　　　　5.40元

邮票规格：27 mm×38 mm

齿孔度数：13.5×13度

整张枚数：30枚

版　别：影写版

设计者：黄华强

印刷厂：北京邮票厂

图2-1【贺兰山红尾鸲】小型鸣禽，雀形目鸲亚科。全长约16厘米。胸赤褐色。雄鸟头顶、耳羽、颈的两侧、颈和上背蓝灰色；下背及尾橙褐，中央尾羽为暗褐色。喉、胸部为橙棕色，腹部中央为白色，其余部分为淡橙棕色。翼暗褐色，内侧覆羽白，其余覆羽暗褐。雌鸟上体烟灰褐色，腰和尾上覆羽棕色，尾如雄鸟。喉和胸淡烟灰，在腹和尾下覆羽变白，翼褐，翼上覆羽和内侧飞羽具淡皮黄苍白色。贺兰山红尾鸲是中国中北部及西部的特有种，山地针叶林的罕见繁殖鸟。分布于青海（西宁、天峻及柴达木盆地）、宁夏（贺兰山）及甘肃东部。越冬于陕西南部、河北、山西的边境，偶见于北京。喜山区稠密灌丛及多松散岩石的山坡，栖于山地灌丛或疏林中。以昆虫为食。邮票表现的是红尾鸲振翅飞翔的状态。鸟儿在桃花丛中穿越，透露出一派春天的景象。

图2-2【藏鹛】小型鸣禽，雀形目鹛科。全长约16厘米。雄鸟头部和颈侧黑色，具白色眉纹，背及肩栗红色，翼和尾黑褐色，最外侧两对尾羽具楔状白斑。颈和喉白色，胸部具一黑带，下体余羽暗蓝灰色，向后渐淡，呈灰白色。雌鸟头顶灰褐色，具黑色条纹。颈冠区淡灰褐色，背羽中央黑色，边缘栗色。腰、尾上覆羽灰。耳羽褐色，下胸淡灰色，其余下体灰白色。翼、尾如雄鸟。藏鹛是中国青藏高原东部山谷的特有种。分布于青海东南部及西藏东部海拔3 600～4 600米。栖于海拔3 600米以上的山柳灌丛地带，喜林线以上的开阔而荒瘠的高山灌丛、矮小桧树丛、杜鹃林及裸露地面。冬季结小群活动。食物为昆虫。邮票表现了藏鹛缩颈休息时的形态。看似麻雀的藏鹛，种群已经非常稀少。此枚表现的是夏季安然自得的藏鹛与怒放的杜鹃形成对比，在平静中展示着生命的顽强。

长臂猿（T）

发行日期：2002.12.7

4-1

4-2

4-3

4-4

（2002-27）

4-1白掌长臂猿	80分	1 160万枚
4-2白颊长臂猿	80分	1 160万枚

| 4-3黑长臂猿 | 80分 | 1 175万枚 |
| 4-4白眉长臂猿 | 2元 | 1 120万枚 |

邮票规格：30 mm×40 mm

齿孔度数：11.5×11度

整张枚数：4枚

版　别：影雕版

设计者：殷会利

雕刻者：阎炳武、呼振源、李庆发、姜伟杰、郝欧

印刷厂：北京邮票厂

知识百花园

　　长臂猿俗称撩猴、吼猴、风猴。哺乳纲灵长目长臂猿科，为高等树栖灵长类动物。其体形纤细，无尾。前肢长于后肢，极善攀附跳跃。在树上觅食、戏耍、睡觉、交配和产仔，以长手抓握树枝，双臂交替做荡秋千式运动，蹿跳如飞。每天清晨，朝阳透进雾海幽岩，万物苏醒、百鸟齐鸣，长臂猿群也高歌合唱，吼声响彻山谷。长臂猿与猩猩、大猩猩、黑猩猩一起被称为四大类人猿，与人类的亲缘关系非常接近。

　　但由于近代人口的增加，森林的大规模砍伐和对长臂猿的过度猎取，使长臂猿的生存环境恶化，数量急剧减少，分布区缩小。现在，世界上仅有一科一属十一种，中国有四种，即这套邮票所表现的种类。现已被列为国家级保护动物，也是濒危野生动物国际公约一类保护物种。

邮票解析

　　图4-1【白掌长臂猿】以手、足白色或淡白色为其特征，颜面周围常形成明显的白色面环。属于种小型猿类，身长约50～58厘米，是我国长臂猿中分布区域最小、数量最少的种类。过去，云南南部的孟连和西盟曾是我国白掌长臂猿的主要栖息地，但现在已难见其踪影。而仅在北京和上海的动物园里展出的两三只白掌长臂

猿全部来自海外。目前，我国白掌长臂猿的唯一栖息地是云南沧源县班洪、班老两乡境内的南滚河自然保护区，也仅残存30只左右，约有8～10个家庭，为长臂猿中典型的夫妻配偶制群。该保护区于1980年建立，面积7 082公顷，1995年被批准为国家级自然保护区。

图4-2【白颊长臂猿】以雄猿两颊具明显的白色斑块为其特征。其体型更加细长，肩宽臀小，无尾，身长40～65厘米，头顶具尖形冠毛。雄猿体毛黑色；雌猿幼体也为黑色，但成年后则为灰黄或金黄色。实行一夫一妻或一夫两妻配偶制。主要栖息于海拔800米以下的热带雨林或季雨林，国外分布于越南北部和老挝北部。我国分布仅限于云南南部西双版纳州的勐腊县、思茅区的江城县和红河州的绿春县边境区，野外数量不超过100只，为高度濒危物种。

图4-3【黑长臂猿】以雄猿通体黑色为其特征。雌猿黑灰色，幼猿均为黑色。无论雌雄，其头顶部均有黑毛向上生长，形似黑冠，故又称黑冠长臂猿。无尾，亦无颊囊，身长43～54厘米，实行一夫两妻制。国外仅越南北部有发现，大部分均分布在我国。云南哀牢山、无量山自然保护区内有黑长臂猿400多只，海南昌江县的坝王岭自然保护区还有20多只。它们是长臂猿中最原始的类群之一，喜群居于海拔1 000～2 300米的南亚热带季风常绿阔叶林中。

图4-4【白眉长臂猿】以两眉纹均为白色为其特征。雌雄异色，雄猿通体黑色或黑褐色，头顶毛长披向后方，故扁平且无簇状毛冠；雌猿大部分黄色或灰白色，颜面宽阔，面周趋淡，近似白色。主要栖息于海拔2 000～2 500米的南亚热带季风常绿阔叶林中。国外见于缅北和印度阿萨姆邦。国内分布于澜沧江以西云南西部，地跨云南保山地区保山市、腾冲市和怒江州泸水市的高黎贡山自然保护区，是白眉长臂猿的主要栖息地。该保护区建于1983年，总面积达1 239平方千米，目前生活着白眉长臂猿400多只。

藏羚（T）

发行日期：2003. 7. 20.

2-1

2-2

（2003-12）

2-1藏羚　　　80分

2-2藏羚　　　2元

邮票规格：40 mm×30 mm

齿孔度数：11×11.5度

整张枚数：20枚（版式1）；6枚（版式2）

版　别：影雕套印

设计者：黄华强、呼振源

雕刻者：呼振源

印刷厂：北京邮票厂

藏羚是偶蹄目牛科中形体中等的一种羚羊，是国家一级保护野生动物。藏羚体长约1.2米，肩高约0.8米。雄性有角，寿命7~8年；雌性无角，寿命最长不超过12年。藏羚体形优美，动作敏捷，耐高寒，抗缺氧，跑起来时速可达60千米。更为可爱的是，它对环境、其他动物和人类没有任何危害，人们亲切地称之为"生命禁区的精灵"。藏羚是典型的高原动物，只分布于海拔4 000~5 000米的青藏高原，是我国独有的动物。藏羚有一身光滑纤细、柔软轻盈，具有良好弹性和保暖性的绒毛，作为"羊绒之王"，被人们誉为"软黄金"。我国各级政府十分重视对藏羚的保护，在藏羚羊的重要分布区先后划建了多处国家级自然保护区，定期进行巡山和对藏羚羊种群活动实施监测。

藏羚

集邮小知识

解放区最早的纪念邮票

解放区最早的纪念邮票是晋察冀边区临时邮政于1938年9月发行的《抗战军人纪念》邮票。此邮票的图案是一个持枪跑步前进的游击队员。邮票为红色。无齿、无面值，但在游击队员的武装带上有"5"字花纹。邮票图幅为28毫米×24.5毫米。白纸印刷，目前这枚邮票存世量极少，极为珍贵。

孔雀（T）

发行日期：2004.4.13

2-1

2-2

（2004-6）

2-1 婷婷　　　　　80分

2-2 婀娜　　　　　80分

小型张　竞艳　　　6元

邮票规格：（1图）50 mm×30 mm；（2图）30 mm×50 mm

小型张规格：124 mm×98 mm

其中邮票规格：60 mm×40 mm

齿孔度数：（1图）13×12.5度；（2图）12.5×13度

整张枚数：8枚

版　　别：影写版

设计者：石愚

印刷厂：北京邮票厂

知识百花园

　　孔雀被誉为"百鸟之王"，属于观赏型特禽，是吉祥、善良、美丽、华贵的象征。孔雀，鸟纲鸡形目雉科，又名"越鸟""南客"。孔雀雄鸟全长140厘米，雌鸟约100厘米。绿孔雀别名"爪哇孔雀"，分布于东南亚、爪哇岛，我国云南西南部亦有产，因其稀少，已被列为一级保护动物。雄鸟通体翠蓝绿色，具有金属样光泽，下背显现紫铜色泽，头顶有一簇羽冠，各羽呈柳叶状，尾上覆羽极长构成尾屏，各羽羽枝分离，上具众多的由紫、蓝、黄、红色构成的眼状斑。雌鸟体色以褐色为主，不具尾屏。蓝孔雀又称"印度孔雀"，分布于印度、孟加拉、斯里兰卡。蓝孔雀同种异性差异很大，雄性体羽光彩熠熠，身披翠绿色，下背闪耀紫铜色光泽，覆尾羽长一米以上，羽片上缀有眼状斑，由紫、蓝、黄、红等构成，屏开时光彩夺目，真可谓鬼斧神工，令人叹为观止。雌性羽色灰褐，无尾屏。由于野生种群的极其有限，使孔雀出现了白化变种，称为白孔雀，白孔雀是蓝孔雀的变异种类，全身羽毛都是银白色。

　　图2-1【娉婷】蓝孔雀傲立枝头，昂首前视，雀花互衬，春意融融，象征欣逢盛世、前程似锦。

　　图2-2【婀娜】展现白孔雀冰清玉洁、雍容华贵的高雅仪态。

　　小型张【竞艳】展现绿孔雀的典雅风韵和洒脱风采。

孔雀

集邮小知识

官方原地封

　　由邮政部门、国有邮票公司特制的原地封。多是为新邮票发行而专门印制的首日封，并从与邮票内容相关的原地寄发，封上设计有与邮票内容相关的图案，盖有邮票发行的纪念戳和原地日戳。1929年6月1日，"中华民国"邮政部门为纪念孙中山遗体从北京香山迁葬南京紫金山，发行了"孙总理国葬"邮票，南京邮局特制了圆形的临时邮局邮戳，盖销贴该套邮票从南京投寄的实寄封。这是中国最早的官方原地封。中华人民共和国成立后，1957年10月1日邮电部发行"武汉长江大桥"纪念邮票，武汉邮电部门印制发行首日封，从武汉寄发，亦成为原地封。凡是邮票内容的事件发生地或实体所在地在北京的，该种邮票的中国邮票总公司的首日封同时也就成为官方原地封。

华南虎（T）

发行日期：2004. 8. 23

2-1   2-2

（2004-19）

2-1华南虎   80分

2-2华南虎   2元

邮票规格：40 mm×30 mm

齿孔度数：12度

整张枚数：12枚（版式1）；8枚（版式2）

版　别：胶版

设计者：刘继彪

印刷厂：北京邮票厂

华南虎，又称中国虎、厦门虎。哺乳纲猫科。国家一级保护野生动物。华南虎仅分布在中国长江以南，为我国特有亚种。其个头比孟加拉虎小，与印度虎差不多。据近年来考察，目前野生华南虎仅存30~50只，而在我国动物园里，也只饲养了33只雄虎和18只雌虎。属极度濒危动物。华南虎的主要特点是：体形较小，体毛较短而密，黄色条纹颜色较深，呈棕黄色，黑色条纹较宽。主要栖息在森林茂密、野草丛生的地带。善于游泳却不善于攀爬，常单独活动在各自的领地中，只有繁殖季节雌雄才在一起生活。华南虎被列入国际自然保护联盟和自然资源保护联盟十大濒危物种之一。福建龙岩梅花山自然保护区是国家定点的华南虎繁衍野化基地。

华南虎

集邮小知识

邮票的品相

品相是指邮票(包括邮品)从集邮的角度所反映的外观质量。品相以集邮标准可分为7等，即"极品""上品""中上品""中品""中下品""下品"和"残品"。品相影响到观感，涉及价格，也关系到集邮展品的评分。

金钱豹与美洲狮（T）

发行日期：2005.10.13

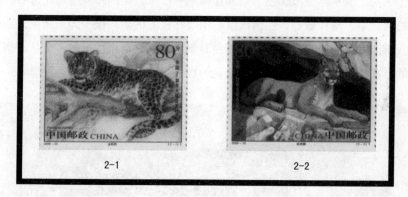

2-1   2-2

（2005-23）

2-1金钱豹　　80分

2-2美洲狮　　80分

邮票规格：40 mm×30 mm

齿孔度数：13×13.5度

整张枚数：8枚

版　别：影写版

设计者：刘继彪、基思·马丁

印刷厂：北京邮票厂

知识百花园

为纪念我国与加拿大建交35周年，两国联合发行邮票一套两枚。

图2-1【金钱豹】哺乳纲猫科。国家一级保护野生动物，分布于东北、华北、华东、华南地区，生活于低山、丘陵、高山森林、灌丛中。其体型与虎相似，但较小。头圆、耳短、四肢强健有力，全身颜色鲜亮，毛色棕黄，遍布黑色斑点和环纹，形成古钱状斑纹，故称之为"金钱豹"。善于跳跃和攀爬，独居夜行。捕食猿猴、野兔、野鹿和鸟类等，偶尔猎食家畜。生性凶猛，但一般不伤人。

图2-2【美洲狮】又叫山狮，是加拿大最大的却很稀有的猫科动物。体长而柔软，头小尾长，成年体呈浅棕色，喉部和胸部有白斑。美洲狮多活动在岩石的洞隙或倾倒的树穴中，动作敏捷，性情孤僻，主要在夜间活动，很少为人所见。独居，善攀爬、游泳，以野鹿、野羊为主要捕食对象，饥饿时也盗食家禽，但从不伤人。美洲狮的存在，有助于控制大型草食动物的数量。

金钱豹

最早的消防邮票

中国最早的消防邮票是邮电部于1982年5月8日发行的。这套邮票共2枚，第1枚是《水灭火》，画面上是一幢高大的望火楼，还有消防水带和消防车；第2枚是《化学灭火》，图案是红色干粉灭火器的喷雾场面。

犬（T）

发行日期：2006.3.19

（2006-6）

4-1北京犬　　　　80分

4-2巴哥犬　　　　80分

认识邮票中的动物世界

4-3松狮犬　　　　　80分

4-4藏獒　　　　　　80分

邮票规格：（1、4图）44 mm×33 mm；（2、3图）33 mm×44 mm

齿孔度数：13.5度

整张枚数：16枚（版式1）；8枚（版式2）

版　别：胶雕套印

设计者：尚予

印刷厂：北京邮票厂

雕刻者：赵亚云

全套枚数：4枚

知识百花园

　　犬为哺乳纲食肉目犬科，狗是唯一被人类驯化的犬科动物。狗的品种全世界约有300种以上，按用途分，有看门犬、牧羊犬、猎犬、向导犬、警犬、表演犬、玩赏犬、科学实验犬等。

邮票解析

　　图4-1【北京犬】昵称"京叭儿"。体形较小，重3～6千克，身高20～25厘米，体态优雅，气质高贵，性格温顺，非常聪明，善于观察主人的喜怒哀乐，是标准的室内伴侣犬。

　　图4-2【巴哥犬】也叫"斧头狗""叭儿狗"。身体紧凑，肌肉发育良好，体重6～8千克，身高25～28厘米，小巧、聪明，两只大眼睛炯炯有神，面部富于表情，性格温和，是适于室内饲养的伴侣犬。

　　图4-3【松狮犬】又叫"熊狮犬"。属中大型犬，体重20～30千克，身高45～55厘米，体态雄伟健壮，神态优雅，气宇轩昂，性格稳重而坚毅，对人冷漠，但对主人非常忠诚、热爱，现多作伴侣犬。

　　图4-4【藏獒】又名"藏犬""羌狗"。体形硕大、雄伟，体重60～85千克，

身高50～80厘米，头宽而结实，上下颌极其强壮，世界三大巨型犬之一，青藏高原是它的发源地。凡是有牧民的地方，就有藏獒的存在，多用它来看护门户和牲畜。

集邮小知识

提高邮票知识的技巧

集邮爱好者、集邮工作者、集邮经营者和集邮投资者都面临一个提高邮识的问题。邮识提高了，对组编邮集、撰写邮文、辅导后进、辨别真伪、投资保值等都很有实际价值。那么，怎样来提高邮识呢?这就先得从什么叫邮识谈起。"邮识"顾名思义是指与"邮"有关的知识。"邮"包括邮政、邮票和集邮。因此我们说，这三方面的综合知识即"邮识"，如狭义地来理解邮识，则仅指集邮知识。

提高邮识有在实践中提高、在理论上提高和在活动时提高等几种方式。在实践中提高是指收集面要大一点，除邮票外，邮政用品和实寄封片最好都能涉及。以前我们说古今中外邮票都集点，可尽量多地认识邮票。现在看，这句话是不现实的，把这句话改为新中国各个票种的邮票都碰碰还是做得到的。这个"碰"，包括集、看、摸。即有条件的就集;无条件地去看，在邮展中看或在邮友、邮商簿册中看;有机会的就摸，对各种邮品体验一种手感。这些都是在实践中积累邮识的很好方法。

在理论上提高，主要是多读集邮书刊和多翻邮票目录，最好还要阅览国内外邮品拍卖目录和邮商价目表。这其中以参考邮票目录为最实用，尤其是目录中刊登的邮票图案、面值、发行日期、版别、全套枚数、齿度、刷色、价格以及版模区分等均极重要，最好能熟记并背出。当然，相关的邮政知识如邮资、邮戳等资料也要多方面积累。

在活动时提高是指多参与各项集邮活动，包括参加集邮组织、聆听邮学报告、参观集邮展览、与邮友及邮商开展交流以及请教集邮行家和邮学专家等。

以上各种提高邮识的方法不是孤立的，而是尽可能地有机结合。不管采取哪种方法，主要还是以自己的虚心好学、不断钻研为根本。熟能生巧，勤奋出天才。

中国鸟（T）

发行日期：2008.2.28

6-2

6-1

6-3

6-4

6-5

6-6

小全张

（2008-4）

6-1台湾蓝鹊　　　　1.20元

6-2藏鸦　　　　　　1.20元

6-3黄腹角雉　　　　1.20元

6-4黑额山噪鹛　　　1.20元

6-5红腹锦鸡　　　　1.20元

6-6白尾地鸦　　　　1.20元

邮票规格：30 mm × 40 mm

齿孔度数：13.5 × 13度

整张枚数：6枚（1套）

版　　别：影写版

设计者：曾孝濂

印刷厂：北京邮票厂

全套枚数：6枚

知识百花园

鸟类属恒温的高等脊椎动物。鸟类为大自然增加了诗情画意，特别是鸣唱声婉转悦耳、风姿优雅、体态玲珑、羽衣华美，吸引了众多的爱好者。我国幅员辽阔，地形和气候十分复杂，分布鸟类1 200多种，其中有多种是中国特有鸟。

邮票解析

图6-1【台湾蓝鹊】隶于雀形目鸦科蓝鹊属，是中国台湾地区特有种，羽毛鲜艳，尾较长，故又称"长尾山娘"。

图6-2【藏鸦】隶于雀形目雀科鸦属。我国约有25种鸦，藏鸦只分布在青藏高原上，其体似麻雀，杂食。现存数量较少。

图6-3【黄腹角雉】隶于鸡形目雉科角雉属。本属的雄雉羽色华丽，两眼上方各有一个肉质的角状突，故名"角雉"。本属有五种角雉，唯黄腹角雉是我国特有种，国家一级保护野生动物。

认识邮票中的动物世界

图6-4【黑额山噪鹛】隶于画眉亚科噪鹛属。体形、羽毛似画眉鸟，但它嘴前的鼻须较长，呈黑裸色，并明显遮着前额，因而被称为"黑额山噪鹛"。雌雄在外形上差别不大，不喜迁徙，分布地仅限于甘肃南部。

图6-5【红腹锦鸡】也称"金鸡"，属鸡形目雉科锦鸡属。雄性羽毛十分艳丽，其头顶有一束金黄鲜亮的丝状冠羽，头后围着镶有黑色细边的扇形羽毛，颇似"披肩"直抵上背；其下背铺满金黄色的丝羽，在阳光下熠熠生辉，光彩夺目，故称"金鸡"；雌性羽毛素淡，以棕褐色为主。国家二级保护野生动物。

图6-6【白尾地鸦】隶于雀形目鸦科地鸦属。分布在新疆南部，它是留鸟，喜地面活动，杂食；栖息在戈壁荒滩上，现存数量不多。

位于边纸左边上角的是白点噪鹛、边纸左边中部的是贺兰山红尾鸲、边纸右边下角的是灰冠鸦雀。

红腹锦鸡